存在と時空

河村次郎●著

SEIN UND ZEIT-RAUM

JIRO KAWAMURA

萌書房

存在と時空＊目　次

序　3

第Ⅰ部　存在論

第1章　存在の意味を問うことの意味……13
はじめに　13
1　意味の発生源と存在概念　14
2　失われた自己の起源への問いと存在論　19
3　存在の意味を問うことの意味　23

第2章　存在概念の練り直しと新たな存在論の方法……29
はじめに　29
1　存在概念の非自明性　31
2　言葉による制約を超えるということ　33
3　新たな存在論の方法　37

第3章　存在論と他の分野の関係……40

はじめに　40
1　存在論と時空論　42
2　存在論と生命論　46
3　存在論と心身問題　50
4　存在論と意識哲学　52
第4章　存在の場所的性格と自己組織性……59
はじめに　59
1　存在と場　61
2　生命の自己組織性と存在の概念　64
3　存在の場所的性格と自己組織性　67
第Ⅱ部　時間と空間
第5章　自己存在の時間的ならびに空間的意味……73
はじめに　73
1　時間と時間性　75

2　自己存在の時間性　77
3　空間と空間性　81
4　自己存在の空間性　82
5　時間・空間・自己　86

第6章　生命の時間と存在の時間……90
はじめに　90
1　生命の時間　92
2　存在と生成の関係から生命の時間を理解する　95
3　存在の時間　98
4　生命の時間と存在の時間　103

第7章　身体の空間性と環境世界……106
はじめに　106
1　一般的な身体概念と生きられる身体の関係　107
2　生命と環境世界　111

3　生きられる身体の空間性　114
4　身体の空間性と環境世界　118

第8章　意識と存在の関係を時空論から考える……123
はじめに　123
1　内的世界と外的世界　125
2　意識と存在　128
3　生の円環と時間の矢　131
4　意識・存在・時空　132

第Ⅲ部　存在と時空

第9章　失われた時を求める心と存在の意味への問い……141
はじめに　141
1　一般的な意味での「失われた時を求める心」　143
2　後悔の念と過去への関心（還帰）　146
3　未来からの逆ベクトル　149

4 過去と未来は実在するのか 151
5 意識・記憶・存在 153
6 失われた時を求める意識と存在の意味への問い、あるいは根源的自然への還帰 155

第10章 存在と空間 …… 159
はじめに 159
1 パスカルの衝撃 161
2 存在と空間 164
3 存在の意味と空間の質 168

第11章 時間と永遠 …… 175
はじめに 175
1 時間と永遠の関係についてのプラトンの発言をめぐって 177
2 次にハイデガーの発言をめぐって 180
3 時間と空間の統合的次元において永遠を理解するということ 187
4 時間の矢と生命の大河 191
5 新奇への創造的前進と永遠 193

終章　見出された存在の意味と時空……197

はじめに　197
1　改めて人生論と存在論の関係について考える　199
2　改めて失われた時を求める心について考える　205
3　存在の意味と「創発」　210
4　創発する存在のクオリアの自然学　213
5　見出された存在の意味と時空　215

＊

あとがき　223

存在と時空

序

哲学は古来、存在の意味を問うてきた。存在論は哲学の根源であり基幹である。

古代ギリシアのイオニア地方において誕生した哲学（philosophy）は、現在のように一つの学問という体裁を取っておらず、自然的世界（コスモス）の根源、つまりその存在の原理を探求する知的な問いかけであった。つまり、この自然界はなぜ存在し、その根本的構成要素ないし存在原理は何なのか、という万物の根源への問いかけだったのである。

ちなみに、こうした問いかけは学問としての哲学の専有物ではなく、万人のものである。「なぜ世界は存在するのか」「なぜそもそも存在するものは存在しているのか」「宇宙の始まりと終わりはどうなっているのか」という世界全体の存在に関わる問いは、意識と自我をもった人間がみな一度は考える奥深いものである。つまり、存在の意味への問いは学問としての哲学を超えて人類にとって普遍的な思考案件なのである。

ただし、この問いにいつまでも執着して問い続ける者と一過性に関わるにすぎない者がいる。ほとんどの人は後者に属すであろう。哲学者の中で特に存在の意味にこだわり、存在論ないし形而上学に関心をもち続ける者が、この問いと一生格闘するのである。他の人々はときおり感慨深く世界ないし宇宙の全体的存在を意識し、その意味に思いをめぐらすのみであろう。

なぜ、存在の意味への問いかけは一部の専門家だけが長続きし、その他の人とっては一過性のものなのであろうか。それは、この問いがあまりに漠然としており、抽象的だからである。もっと個別的なものに関心を絞って因果関係を探求するような問題ならば、その問いかけの意味は明快であり、誰でも長続きするであろう。しかし「そもそも存在するとはどういう意味なのか」とか「なぜそもそも宇宙は存在するのか」という問いは、その問いかけの意味を理解することすら難しく、どこから手をつけてよいかも分からない。だが、それにもかかわらず、万人は意識のどこかに存在そのものの意味への関心を潜在させている、とは言えないだろうか。

そもそも存在論を専攻する哲学者ですら「存在」という言葉の概念ないし意味を十分理解していない節《ふし》がある。プラトンが『ソフィステス』において提起し、ハイデガーが後に『存在と時間』において再提起した「存在」という概念の不可解さの問題は、今なお未解決であり、その謎は深刻である。我々は相変わらず「存在する」という言葉が何を意味するのか明確に言い表せないのである。換言すれば、一見自明のように思われる「存在する」という言葉の背後にあるものに何か引っかかりを感じているのだが、それを言葉で明確に表現できないのである。そこで面倒臭くなって、存在の意味を単純化し平板化するか、存在の奥深い意味への問いなど無意味だと嘯《うそぶ》くのである。

プラトンが言おうとしたのは、我々が「存在する」という言葉を使うとき、それが何を意味するのかということを我々は熟知しているつもりだったが、実は本質的なことは何も分かっておらず、明確な定義を求められると困惑せざるをえない、ということである[1]。

たしかに「存在する」という言葉の意味は自明のように思われる。それは、「私が今この場所に居る」とか「目の前の机の上に花瓶が在る」という空間内の特定の場所における知覚的に把捉可能な物体的存在者の「在る」という単純な存在性格から読み取られる類のものである。しかし、この世界のほとんどのものは、そのような静止的な物体的存在様式にとどまるものではなく、変化し進化し成長する流動的で過程的な存在性格をもっている。また、すべての個体は単独で存在するものではなく、それが置かれた時間空間的環境において他の個体と関係を取り結びつつ存在する。これらのことも顧慮しなければ、「存在」の本当の意味は理解できない。

我々は、さしあたって一般的な空間概念を基にして「存在」を「物体的存在」へと還元しつつ理解する傾向をもっている。そうした存在概念に安住するなら「存在する」という言葉の意味は自明であり、謎も深淵も何もない。しかし、問題が自己の在り方に跳ね返ってくると事態は一変する。自分を含めた目の前に在る「存在物」とそれを取り囲む「空間」ないし「場」が、意識的生命体としての「自己」との関係において「存在の意味的次元」を開示してくるのである。ここで存在と意識と生命の三者関係が重要な思考案件として際立ってくる。

我々は普段、存在と生命、存在するということと生きているということを明確に関係づけることなく、漠然と「存在する」ということを理解している。だが、意識のどこかに存在の意味的次元への潜在的関心があり、それはまさしく存在と生命の意味連関に関わるものなのである。「存在の重み」とか「存在の耐えられない軽さ」といった言い回しは、生命の意味や価値や尊厳と密接に関係している。それは自己の生命のみならず、他者や社会や自然環境の存在様態にも関わるものである。

さらに、存在の意味的次元に関わる重要な契機として「時間」というものを挙げなければならない。「存在」と「時間」は謎めいた奥深い意味という特性を共有している。つまり、どちらの概念も一見自明に思われるが、よく考えると謎めいている、という点を共有しているのである。アウグスティヌスが時間について「それが何であるかを問われなければ知っているが、答えようとすると窮するのである」と述べたことは有名だが[2]、これはプラトンが存在の謎について述べたことと極めて類似している。というか表裏一体である。

時空的世界の中で生きる我々は、自己の意識と生命に根差した独特の時間性と空間性をもっている。存在ないし生命の場としての「世界」とその中に存在する意識的生命体としての「自己」。この自己と世界が相互浸透的に一体となって存在の意味が形成される。そして、その基本構造は時間と空間ないし両者が一体となった「時-空」である。自己と世界は内的世界と外的世界とも言い換えうるが、この内と外を貫く時空構造こそ存在の奥深い意味を概念把握するための基盤なのである。

以上、抽象的で難しい話をしてきた。特に哲学の初心者にとっては、とっつきにくい叙述だったと思う。そこで少し親しみやすい話題に切り替えることにしよう。ウィトゲンシュタインは『論理哲学論考』の中で次のように述べている。

> 人間の魂の時間的な不死性、つまり魂が死後も生き続けること、もちろんそんな保証は全くない。しかしそれ以上に、たとえそれが保証されとしても、その想定は期待されている役目を全く果たさないのである。いったい、私が永遠に生き続けたとして、それで謎が解けるとでも言うのだろうか。その永遠の生もまた、現在の生と何ひとつ変わらず謎に満ちたものではないのか。時間と空間の内にある生の謎の解決は、時間と空間の外にある。(3)

魂ないし霊魂の不死性というものは個々人の存在の重み、生命の尊厳に関わってくる。しかし、現代において死後の世界における生命の存続を信じる人はほとんどいない。かつて霊魂は肉体とは別の存在次元にある独立の実体だと思われていた。今でも一部の人はそう信じている。これが誤謬推理の所産であることは明らかなのだが、なかなかその信念を捨てることができない。

肝心なのは魂が実体ではなく存在の重みや生命の尊厳を象徴する隠喩であることを理解することである。また、永遠という概念をどのように捉えるかも問題である。一般に霊魂の不死や死後の存続と言う場合、我々が生存中に体験する時間の流れを想定して、それを前方に無限に続くものと理解しがちである。これは最も通俗的な永遠概念であり、その背景にあるのは、これまた通俗的な時間と空間の概念である。ウィトゲンシュタインが「時間と空間の内にある生の謎の解決は、時間と空間の外にある」と言う場合、そうした通俗的な時空概念が示唆されている。

それに対して真に根源的な永遠性は通俗的な時間を超越した高みにある。つまり、無限の時間の持続という線形的前進性を根底から超えた「無時間性」ないし「超時間性」が真の「永遠」の名に値するのである。その際、空間性も深い次元で捉えられる。それは後で詳論するが、「存在の場所的性格」に関わることである。

肝要なのは、魂の不死性を無限の時間の持続という観念に基づいて素朴に信じることから脱して、それが存在の重みと生命の尊厳を示唆する隠喩であると理解することなのだ。その際、時間と空間の概念を捨てて超時空的永遠性へと闇雲《やみくも》に超越せずに、時間と空間の根源的理解に再挑戦しなければならない。そして、それはそのまま失われた自己の起源への還帰につながる。

フランスの偉大な小説家マルセル・プルーストの作品に『失われた時を求めて』というものがある。[4] また、アメリカの臨床心理学者ロロ・メイは『失われた自己を求めて』という本（原題は*Man's Search for Himself*）を書いている。[5] この二つの作品は哲学者ハイデガーの大著『存在と時間』と何か深いつながりを感じさせる。と言うより、「失われた時を求めて」とか「失われた自己を求めて」という言い回しと「存在と時間」という言葉が直観的に一体のものと思われるのである。そして、そのヒントはミヒャエル・エンデの童話『モモ』にある。[6]

『モモ』は、時間泥棒から人間に真の存在の意味を取り戻してくれた女の子の物語であり、ハイデガーの『存在と時間』の趣旨を子供にも分かるように噛み砕いた作品である。ハイデッゲリアンからは顰蹙《ひんしゅく》を買いそうだが、筆者はエンデの姿勢に見習い、かつプルーストとメイの志向を取り入れて、新たに存在と時間の関係を考えてみようと思う。それは、新『存在と時間』の執筆ということであり、結局は新たな存在論の構築ということになる。

しかし、この試みは、存在と時間の関係のみではなく、空間も非常に重視する。と言うより、時間と空間が一体となった古来の概念「時空」と存在の関係を究極まで考え抜くのである。そこで、空間についての思索が不足していたハイデガーを補うためにメルロ＝ポンティの『知覚の現象学』における空間論を参照し、さらには先駆的に存在と時空の関係を論じたと言えるサミュエル・アレクサンダーの『時間・空間・神性』を参照し、筆者自らの責任においてザッハリッヒに（事象そのものを論じるという仕方で）「存在と時空」という問題に取り組み、体系的な考察を企てようと思うのである。

我々は自らの存在の意味を知らされないままにこの世に生まれ、日々の生活に追われ、気がついたら年老いており、結局自らの存在の意味を知ることなく、草木に帰す。まさに「わけの分からないことで悩んでいるうち老いぼれてしまうのである」。この「わけの分からないこと」とは何であろうか。それが「存在の意味」であることは言を俟《ま》たない。「存在の意味」は、存在という「わけの分からないこと」に関心をもつ人間の意識と生命に関わる事柄である。

繰り返すが、「存在」は、「物体的存在者が空間内の特定の一点を占める」という最低層の意味を超えて、存在の意味を問う「自己」と存在の場としての「世界」を関係づけつつ包摂する自己組織化的な「場」である。そして、この「自己組織化的な場」は時間と空間という根本構成要素によって賦活される巨大な有機体として理解されなければならない。それゆえ、こうした自己組織化的な場としての世界と意識的生命体としての自己の関係を考察しつつ「存在」の概念を新たに練り直し、その際に時間と空間という存在の根本的構成契機を大胆に取り入れることが、「存在と時空」という問題の解明だということになる。

「この世に私は存在する」と言う場合の「存在する」ということは、単に石ころが道端に転がって「いる」という意味での「存在」とは大分違うであろう。また、その石ころでさえ単に意味のない一物体としてそこにあるのではなく、それが置かれた場ないし環境の中で他の存在物と関係をもちつつ存在しているのである。とすれば、私と石ころの存在は全く比較を絶したものではなく、どこかに接点がある、ということになる。換言すれば、私には石ころの物体的存在の側面と石ころの関係的環境内存在の両側面があり、さらにそれを超えて自己と世界の存在の意味を問う意識的生命性、つまり精神性が備わっている、ということになる。ただし、石ころや動物とも共通性をもつという点において、我々は精神と物質、心と身体、心理と生理、主観と客観の両義性によって構成される存在性格を有することを忘れてはならない。そしてこのことは、存在の意味を意識の時間性からのみではなく身体の空間性からも考えなければならない、ということを示唆する。

我々は自らの意志によらずこの世に生を受け、いつからとはなしに意識と自我を芽生えさせ、自己の生き方と世界の在り方に思い悩み、成功と失敗を繰り返しつつ日々の生活に追われ、気がついたら年老いており、最後には自らの意志に反して死を迎える。この人生の過程において我々はいかに「存在の問い」に関わるのであろうか。

世界の中で自己の存在を自覚し、かつ自己を超えて世界や他者の在り方にも思いをめぐらす「私」は、自己と世界の両極へと張り渡された一つの関係的生命体である。それはハイデガーの言う世界内存在の時間性を根本構成要素としてもつとともに、[7]メルロ＝ポンティの言う世界内属的な身体の空間性も兼ね備えているであろう。[8]さらに、より巨視的ないし包括的なコスモロジー的視点において、サミュエル・アレクサンダーが言うような時‐空という存在原理によって生気づけられる進化的生命体でもあろう。[9]

我々が自らの人生行路の中で生命と存在の意味を問う際、自らの死とそれを超える生命の大いなる連鎖を示唆する「時間の矢」、ならびに他者と世界という横への超越を示唆する「空間の振幅」によって背後から関心を突き動かされている。これが存在の意識に時間性と空間性が象徴的に表れる理由である。さらに、その大元にあるのは自然の大生命ないし宇宙の大生命を示唆する「目的論的な時‐空」である。

こういう言い方は哲学の初心者には少し難しく感じるであろう。哲学、特に存在論の素養がある程度ある人を対象にして話を進めることもできるが、昨今の哲学の不人気を顧慮するなら、やはり初心者にも分かるような叙述をした方がよいであろう。筆者はそのことに常に限界を感じているが、本書ではできる限りそれを顧慮して叙述を進めようと思う。ただし、事柄の本質を捉えるようなスリリングな考察やのっぴきならない問題だと多少の難しい言葉づかいは苦にならないものである。

とにかく、「存在の意味」への関心は意識的生命体としての万人のものであり、それを顧慮した本書の問題設定と叙述は、必ずや初学者を含めた読者の関心を惹き、脳を揺さぶるであろう。そして、初学者と専門家が抱き合って感動を語り合うことになるであろう。

注

（1） Cf. Platon, *Sophistes*, 244a

（2） アウグスティヌス『告白』（下）服部栄次郎訳、岩波文庫、一九八二年

（3） L. Wittgenstein, *Tractatus Logico-Philosophicus*, 6. 4312（野矢茂樹訳『論理哲学論考』岩波文庫、二〇〇四年を参照）

（4） M・プルースト『失われた時を求めて』（1〜10）井上究一郎訳、ちくま文庫、二〇〇三年〜、または吉川一義訳、岩波文庫、二〇一〇〜二〇一六年

（5） ロロ・メイ『失われし自我をもとめて』小野泰博訳、誠信書房、一九九一年を参照。

（6） M・エンデ『モモ』大島かおり訳、岩波少年文庫、二〇〇九年

（7） Vgl. M. Heidegger, *Sein und Zeit*, M. Niemeyer, Tübingen, 1979

（8） M・メルロ＝ポンティ『知覚の現象学』（Ⅰ・Ⅱ）竹内芳郎他訳、みすず書房、一九八五年を参照。

（9） Cf. S. Alexander, *Space, Time and Deity*, Vol. 1, 2, Macmillan, London, 1920

第Ⅰ部 存在論

第1章　存在の意味を問うことの意味

はじめに

私は今覚醒し、意識をもっており、生きている。そして、そのことを自覚している。関心はさしあたって外部世界の知覚対象に向かっており、自己への反省は希薄である。これが我々の日常の意識的生の在り方である。つまり日常、我々の関心は自己が置かれた場としての環境世界という外部へと向かっており、そこから何かが「在る」ということを理解している。目の前にパソコンがある。それが置かれたデスクがある。そして部屋の壁とフローリングの床があり、諸々の家具がある。さらに窓の外に目を向けると民家やビルや電柱や木や雲がある。これらは空気の中にあり、その上層部は大空である。快晴の日の紺碧の空には胸がすく思いだが、どんより曇った日の鉛色の空は陰鬱な気分を誘う。

我々が「存在」という言葉の意味、つまりその概念の理解の手掛かりを得るのは、このような外部世界の諸対象とそれを包む空間においてである。つまり、そこにおいて「物が知覚対象として在る」ということを「存在する」

という言葉の原初的理解の座に据えるのである。これは直接知覚できる具体的事物の存在把握ということである。そして、そこから「存在すると言えるもの」の範囲は抽象的なものへと拡張されていく。机、窓、家、雲、空気。これらは具体的事物である。それに対して、知覚、意識、愛、希望、生活、政治、経済といったものは抽象的対象である。我々は基本的に具体的個物の存在を確認し、その後で抽象的対象の存在を「直接知覚しない概念理解」という形で理解する。ただし抽象性が極まると、その対象に対して「実在しない」というレッテルが貼られる。神や霊魂がその代表である。

ちなみに、時間と空間も具体的個物ではなく抽象的対象であるが、その他の抽象的対象と違って、具体的事物の知覚の後に生じるものではなく、それの知覚と存在認知をそもそも可能ならしめる背景という意味合いをもっている。そして、時間と空間は古くからその存在の理解が難しいものと言われてきた。

具体的個物と抽象的対象の存在身分は比較的容易に定義できる。しかし、時間と空間は抽象的対象寄りであるにしても、そもそも具体的個物と抽象的対象双方の存在理解を可能ならしめているという点において、「存在」という概念のより深い理解へと誘《いざな》う傾向をもっている。つまり、「存在の意味を問う」ということの背景にはこうした時間と空間の謎めいた存在性格が控えているのである。換言すれば、時間と空間は存在を単なる知覚対象としての具体的事物の存在性格から意味の次元へと引き込む契機なのである。

我々は以上のことを銘記して、存在の意味を問うことの意味を考えなければならない。

1　意味の発生源と存在概念

存在の意味を問う場合、まず「意味」の発生源ないし発生根拠を問う必要がある。なぜなら、存在の概念は存在の意味と不可分の関係にあり、意味の解明なしには存在の概念の根源的理解は不可能だからである。そして、意味は意識と密接に関係している。存在の意味への問いは、問う者ないし問う主体の意識と切っても切り離せない関係にあるのだ。

自我という核をもった人間の意識は、高等霊長類たるホモ・サピエンスが環境世界への適応と同胞との共生の必要性から生まれた高度の認知機能であり、その発生源は各自の脳の神経システムを超えて、環境世界の情報構造にある。

このことに関して筆者はこれまで数多くの考察を企ててきた。その考察の成果から言えるのは、意識の生体的担い手としての脳の神経システム自体が環境世界の情報構造を内部移入することによって成立したものであり、脳が単独で意識を発生させているのではなく、世界の情報構造が各自の脳を介して各自の「世界へと関わる意識」を生み出している、ということである。これを脳と意識（ないし精神と物質）を別次元のものとみなす二元論の主張と受け取ってはならない。筆者の思想において脳と意識は決して切り離されずに一体化している。しかし、脳の構造と機能自体が世界の情報構造のシステム的模倣によって成り立っているとするなら、意識の発生元は脳（という仲介者ないし中継所）を超えて世界の情構造にまで遡られるべきなのである。

この地球上に最初の単細胞生物が誕生して以来、生物は環境への適応のために生体の構造をどんどん複雑化させていった。その過程で神経系が生まれ、それが複雑化して中枢神経系が発達し、最終的に高度の認知機能をもった現生人類の脳の機能に行き着いたのである。そして言うまでもなく、人類の脳は高度の意識と思考能力を獲得している。また、地球上の生命の誕生の背景には宇宙の物質進化の歴史があり、そうして誕生した生命の上に脳の進化と意識の創発があるのだ。つまり、物質の分子的進化による生命の原基（自己複製する核酸ＲＮＡとＤＮＡ）の誕生と長い生命の歴史としての生物進化が現生人類の意識を生み出したのであり、ここに物質→生命→意識（ないし広い意味での心〉という階層が成り立っているのである。

ところで、「意味」の発生には生命と意識が深く関与している。何かが「意味をもつ」ということは、その対象ないし事象が、世界の有機的構造連関の中でそれを知覚する意識的主体に対して「生きていく」上での指標を示唆するシンボル的役割を果たす、ということを意味する。ここで「〈意味をもつ〉ということが、……ということを〈意味する〉」という循環的表現を使ったが、これは概念規定の循環的空虚化を意味するものではなく、むしろ「意味の循環構造」を積極的に指示するものである。

そもそも「意味」というものは「有機的構造連関をもつ生きた世界」と「意識的生命体」との共鳴から生まれる「世界の論理骨格ないし情報構造の意識への取り込み」である。たとえば、道路を通行中に出会う信号機の「色」は、交通システムという都市の情報構造と都市生活者としての通行者の意識（認知機能）の共鳴から生まれる「交通規則という意味」をもっている。こうした例はいくらでも挙げることができるが、さらに一段階深めて「存在の意味」の問題に応用することもできる。

我々は環境世界の中で諸々の事物の存在を認知し、自己の存在を覚知する。その際、環境内の諸対象と自己は不可分の関係にあり、「我在り」ないし「私は存在する」という意識と環境世界における諸対象の関係性が生み出す存在様態は相互浸透的となり、そうして自己と世界が一体となった意味連関が形成される。換言すれば、外的世界と内的世界は表裏一体の関係にあるのだ。

我々の意識の内容には必ず外的世界の個別的対象や全体的様態が反映する。そして、我々の意識は各自が「生きていく」ことの中で形成される。我々がある対象や事象に関心をもちつつ意味を認知したり、自己の存在の意味を問うたりすることの背景には、自己と世界が相互浸透的に形成する意味連関が控えている。そして、この意味連関は我々が普通「意味」と呼んでいるものの親玉であり、この巨大なシステムとしての意味連関から個々の対象の意味が汲み取られるのである。

たとえば、我々は社会情勢を参照しながら、ある社会的出来事の意味を理解するが、その意味の理解は、社会情勢という背景的意味連関と社会生活者としての自己の意識ないし視点の共鳴によって生まれる。つまり、意味の発生源は自己と社会、内的世界と外的世界の生活関連的共鳴なのである。それでは、こうして発生する「意味」は、存在概念とどのように関係するのだろうか。

繰り返し言っているように、「存在」を単純に対象の即自的存在として理解してはならない。「存在する」ということは、もっぱら「ある対象がそれ自体で自足する形で他のものとの関係性なしにただ在る」ということから理解されるべきものではない。「存在」という概念は右に述べた「意味」と密接に関係する形で機能するものなのであり、個別的対象という図に対しての「地」という意味合いをもっている。これがゲシュタルト心理学におけるゲシュタルトに関連することは言うまでもない。そして、このことを敷延すると、存在の場所的性格というものに行き着く。

存在は個別的知覚対象ではなくて、知覚と認知と意識の背景としての場所的性格をもっている。この場所的性格が、前に述べた「世界の情報構造」と関係することは容易に推測できるであろう。そして、世界の情報構造は我々の意識の構造に流入してきている。とすれば、存在と意識は結局連続しているのである。ただし、この連続性は観念論者が想定するようなものではなく、主観と客観の分離を超えた純粋経験の概念を提唱したジェームズの自然的実在論の観点から理解されるべきものである(1)。

観念論によれば存在は意識の中にある。つまり、意識が存在を包摂しており、知覚や意識の関門をくぐらない対象は存在しないものとみなされる。バークリが主張した「存在するとは知覚されてあることである(esse est percipi)」というテーゼは観念論の極限であり、主観的観念論の収束点を示唆している。それに対して実在論は、存在は知覚や意識に依存せずに、それ自体で成立していると考える。つまり、存在が意識を包摂しており、知覚や意識は存在に対して後発のものとみなされる。そして、この考え方の背景には能産的自然の概念が控えている。能産的自然とは、死せる機械的因果体系としての自然に対置される生命をもった自然のことであり、有機的自然とも呼ばれる。(2) そして、これは現代のシステム論における「自然の自己組織性」の概念に帰着する。実在論は全般にそうなのだが、特に自然的実在論は、存在を自然の自己組織性と結びつけて理解する傾向にある。

観念論は存在を意識に内在させ主観化するのに対して、実在論は存在を意識の外に置き客観化する傾向が強い。この対立は精神主義と物質主義のそれと並行している。しかし、プラトンが『ソフィステス』で主張したように、真実在に至るためには表面的な観念論と実在論の対立、つまり表層的な唯心論と唯物論の対立を超えて行かなければならない。ジェームズの自然的実在論の立場は、主観と客観が分離する以前の純粋経験に根差したものであり、意識と生命を顧慮しつつ存在の意味を探索する姿勢と相性がよい。そして、プラトンが示唆した真実在への道に適合する。実際、ジェームズの影響を受けつつ、有機的自然の存在論(形而上学)を構築したホワイトヘッドは、西洋の全哲学をプラトンの思想への脚注とみなすほどプラトンを重視していた。ホワイトヘッドは、ジェームズの純粋経験の概念を物理学的ないし自然哲学的方向で深め、有機体の哲学という自然的実在論の体系を構築したのである。(3)

我々は、ジェームズとホワイトヘッドの姿勢に倣《なら》いつつ、存在の意味的次元を過度に主観化される以前の意識と経験に関係づけて探究しなければならない。それによって存在は観念論的に矮小化されることもなければ、唯物論的に意味剥奪されることもなくなるからである。

とにかく、存在するということは知覚されてあるということではない。知覚される以前に存在は自然の自己組織化活動によって人間の意識的生命を包み、活かしていたのである。我々の意識が物事に意味を認め、存在の概念に興味をもつのは、こうした自然の自己組織性の力によっている。「自己組織性」とは、中央コントロールタワーや先行的プログラムなしに秩序が自動的に形成されることであるが、自然に内在するこの性質のゆえに、そもそも「意味」というものが発生しうるのである。それを人間主観の先験的形式に求める超越論的哲学の立場とその亜型は、すべて真実在への道からの逸脱とみなせる。

2　失われた自己の起源への問いと存在論

存在と意味に関する以上の考察は極めて重要であるが、哲学の初心者には抽象的で少し分かりにくいかもしれない。そこで、話を人生や生活に密着した実存的次元へと向け換えてみよう。

「実存的」とは自己へと関わる意識のことであるが、同時に他者と世界への関わりも含意している。つまり、それは世界の中で他者と関わりつつ自己の現実の存在を意識することを意味するのである。そして、この実存的観点から「存在の意味」を問うと、「自己の生の意味」が際立ってくる。

我々は人生行路の諸段階で自己の存在に関心を寄せ、存在や生命や人生の意味を問う。これは不可逆の人間的生命の時間の流れの中でなされるものであり、「時間の矢」というものによって深く規定されている。「時間の矢」は宇宙の物理的生命性を示唆する概念だが、[4] 人間的生命にも適用でき、かつ自己意識にも反映するものである。つまり、一回限りの繰り返しがきかない各自の人生において自己の生ないし存在に関心をもち、その意味を問うことは、宇宙全体がもつ不可逆の時間の矢の桎梏《しっこく》を帯び、それが各人の死へと向かう自己存在の自覚に反映したものなのである。

時間の矢は宇宙全体の存在を規定するものであると同時に、個人の実存を規定するものでもある。我々各人は自らの誕生と死の間を生きる時間的存在であり、その「時間」は不可逆の「矢」という性格をもっている。つまり、人間存在は根本的に有限であり、その有限な人生の中で自我を芽生えさせ、成長し、老い、そして最後に死ぬのである。こうした時間の矢に規定された有限な生の中で、我々各人はいかにして自己の存在の意味を見出すのであろうか。ここには意識と生命と時間の密接な三者関係がある。

我々人間は、二～三歳の頃に自覚的意識の雛形を獲得し、その後思春期における自我の芽生えを経て、明確な自我の自覚を伴う社会的自己意識を熟成させ、それを一生行使しつつ最後に意識の消滅に至る。この間に自己の存在の意味に深く関心を寄せるか、あまり深く考えないか、は各人各様である。しかし、いずれにしても我々は自然と社会という環境の中で他者と共に生きる共同存在であることに変わりはない。そして、とにかく自分の自己を一生背負い、それを生き抜かなければならない。それゆえ、「自己」ないし「私」というものに取り立てて深い意味を認める感受性のない者も、自己への関わりから逃れることはできないのである。ましてや、自己存在の意味に対して敏感で感受性の強い人は、人生と存在の意味を深く考え、思い悩み、自己省察に没頭する。どちらの場合も「自己の存在の意味」はさしあたって霧の中に在り、こう言ってよければ、忘却の彼方にある。

序でプルーストの『失われた時を求めて』とロロ・メイの『失われた自己を求めて』に触れた。この二つの作品のタイトルが示唆するように、我々は一見自明であるように思える時間と自我の本当の意味を見失い、忘却してしまっているのである。それは自己意識の強い人と弱い人、自己存在ないし人生の意味への感受性の強い人と弱い人の双方に共通の普遍的な存在論的原事実である。

しかし、ある人は反論するであろう。「私は、自分であるという明確な意識をもち、人格の同一性を常に保持している。たしかに幼児期の意識の発生とその後の自我の芽生えは自力で生み出したものではなく、その発生時の記憶は曖昧である。しかし、私は今、現時点で〈私である〉という確固とした自覚を有しており、自我ないし自己の本当の意味を忘却している、ということなどない」。

周知のようにデカルトは「我思う、ゆえに我在り」と主張した。このテーゼは、存在が意識によって完全に把捉可能である、ということを前提としている。それゆえ、前に挙げた「存在するとは知覚されてあることである」というバークリのテーゼと類似の意識内在主義的ないし観念論的存在理解を示唆している。筆者が批判するのはこの姿勢である。つまり、「存在」というものを意識や知覚の枠内に抑え込み主観化してしまう、その姿勢に我慢ならないのである。これは、自己の存在という主観性の要素を含むものについてだけではなく、森羅万象の存在、つまり存在一般に関しても言われるべきことである。

私は意識の力を働かせ、記憶内容を探索し、内省し、思考することによって「私は私である」という自己同一性の意識、ないし私であるという自覚を獲得する。それは同時に私の「存在」を確認し把握する唯一の方途である、と意識内在主義的存在論者は主張する。しかし、それは「意識による確認」という観点に過度に囚われたがゆえに生じた仮象である。この観点に囚われると、存在が主観主義的に矮小化され、存在と能産的自然の豊かな連携性が見失われる。

能産的自然とは諸々の存在者に存在するための場と栄養を供給するもの、つまりそれらを生かし、存続せしめるものである。この能産的自然の力によって我々は「生かされて生きている」のである。デカルトとバークリは最終的には主観主義的観点を超えて、自己と世界の存在の根拠を神の創造行為や神のもつ知覚の源泉的地位に求めたが、それも人間的主観性の極限的偶像化とみなせる。つまり、一見主観性を超えて客観的実在の根拠に触れているように思えるが、どこまで行っても主観的観念論を抜け出せないのである。

自己の存在の根拠を自然から切り離し、純粋の精神性に依拠しようとする姿勢は、自己存在の意味の忘却の元凶となる。我々各人は能産的自然によって生かされて生きているのであり、この原事実が分からないと自己の起源は喪失されたままとなる。さらに、それは存在全般の意味の矮小化へとつながる。それでは、失われた自己の起源を取り戻し、それを存在の意味への問いと連携させるために我々は何をしたらよいのだろうか。

自己意識の発生への問いは近代以降、哲学と心理学において多角的に考察されてきた。代表的なのは現象学と発達心理学のそれであるが、筆者としてはジェームズ、デューイ、ミードなどのプラグマティストの考察を高く評価したい。特にジェームズの思想は重要だと思う。

周知のようにジェームズは主観と客観の対置図式が発生する以前の純粋経験へと還帰することによって意識の本質を理解しようとした。それはまた存在全般の理解へと敷延されるべき根本思想であった。こうした思想は一見、観念論的なものに思われるが、ジェームズは自らの立場を自然的実在論であると明言している。これをどう理解したらよいであろうか。

ヘーゲルも主張するように⑸、我々は子供の頃、自然と一体であり、精神と物質を峻別することなどなかった。しかし、成長して反省的思考力が増すと、自然を眺める主観としての「私」と対象としての「物質的自然」が分離し、「私」は身体をもった精神的存在として理解されるようになる。これは一見知性の成長のように思われるが、実は「自然と一体となった自己」の喪失、つまり自己の起源の忘却なのである。それゆえ、自己と世界の存在の真の意味を捉えるためには、意識を反省的主観主義の呪縛から解き放って、生きた自然との一体性へと還帰させなければならない。それによって精神と物質の対立が乗り越えられ、心と自然が一体となった存在の真の意味が眼前に開けてくるであろう。

このことは意識哲学、心身問題、時空論、自然哲学、脳科学などと深く関係してくるが、それに関する詳論は後の章に譲ることにする。

3　存在の意味を問うことの意味

我々は生きている限り意識を働かせて存在の意味を問う。そして、存在の意味は生きていることの意味と密接に関係している。

「なぜ私は生きているのだろうか」「何のために生きているのだろうか」という問いは、私を生かしているものへの無意識裡の関与から発してくる。そして、「私を生かしているもの」とは時間と空間という根本要素によって構成された環境世界である。それはまた前述のように能産的自然という性格をもっている。

この能産的自然という性格をもつ環境世界が、「我思う、ゆえに我在り」という主観的自覚の発生以前に我々を生かし、思考することを可能にしているのである。つまり、我々は能産的自然によって生かされて生きているのであり、その中で意識を働かせ、自己の存在を自覚し、存在全般の意味を問うのである。それゆえ、存在の意味を問うことの意味を問う場合、主観的観念論を超えて自然的実在論に深く帰依《きえ》する必要がある。換言すれば、「私の意識が世界の存在をそもそも可能ならしめ、意味という現象はもっぱら私の主観的構成能力に依存する」という考え方を破棄して、「能産的自然としての世界の情報構造から経験を介して意識が発生し、意味という現象の源泉も世界にもともと備わっていた情報構造から生まれてくる」ということを理解しなければならないのである。そして、世界の情報構造の基本的枠組みとなるのが時間と空間である。さらに、この世界的な時間と空間が経験を介して意識に取り込まれ、いわゆる人間的主観性に属す時間と空間の概念を発生させるのである。ここで、意識→経験→世界理解ではなく世界の情報構造→経験→意識というベクトルが働いていることを理解しなければならない。

「意識が経験を生み出すではなく、逆に経験が意識を発生せしめるのだ」という見解はジェームズやデューイやホワイトヘッドが強調したものであり、自然的実在論による意識の把握、ならびに意味という現象の理解の基本となる事柄である。そして、この自然的実在論に基づいて我々は存在の意味を問わなければならない。それは、思考に先立つ存在、意識に先行する経験、精神を包括する自然に対する畏敬の念から発する存在論的姿勢なのである。

我々は世界の中で存在し、世界へと働きかけ、それを変革していく意識的生命体である。こうした生命体として我々各人は各自の人生行路を歩み、経験を重ね、思考と意識を深め、随時存在の意味を問う。存在の意味は、こうした人生の歩み、つまり生命のプロセスと不可分な形で問われる生命的現象である。それはまた世界の情報構造ないし論理的骨格と深く関係し、それゆえ時間と空間という実在と経験の根本形式と密着している。そもそも何かが「意味をもつ」ということは、それが経験と現実の文脈の中でどういう位置と役割をもっているか、ということである。ただし、現実だけでも経験だけでも意味は発生しない。両者の文脈的、状況的相即が意識へと生命的に反映するとき、初めて「意味」という現象が発生するのである。しかしこの際、意識がすべてを統括・監視していると考えてはならない。意識は実在（現実）と経験に対してあくまで後発のものなのである。そして、このことを見誤ると存在の意味の観念論的理解が発生する。それは意味の主観的構成であり、存在の意識内在主義的理解である。前述のデカルトとバークリの立場がこれに当たることは言うまでもなかろう。

我々の住んでいる世界は情報的に構成され、時間的プロセスと空間的配置を特質としてもつ有機的構造体である。一つの巨大なシステムと言ってもよい。湯川秀樹の薫陶を受けた生理学者・品川嘉也は、万物の根源を「宇宙の情報構造」と見る形而上学的立場を表明している(6)。筆者は品川の思想から強い影響を受けた。

宇宙の物質進化から生命の原基としての自己複製する核酸が創発し、生物進化が始まり、その果てに人間の意識が創発した。たしかに人間の意識は、「意味」という現象を発掘し「存在の意味」を問う特権的地位を有しているように思われる。しかし、それは表層的理解である。意識をもった人間の主観的構成能力が初めて意味を把握するのではなく、意味の原基はもともと情報構造によって形成された物理的自然界に備わっていたのである。これは、物質ないし物理的システムに形相が内在するというアリストテレスの思想を参照すれば、すぐに分かることである。また品川は、ビッグバン以後の物質とエネルギーの創発に「宇宙の情報構造」が先行し、それらの存在の発生根拠となっている、と主張したが、これもまた非常に参考になる。

我々は意味、特に人生の意味をもっぱら「精神的なもの」として理解しがちである。少なくとも物質よりは精神寄りであると考えがちである。しかし、それは二元論の陥穽を表現するものでしかない。物質には形相が内在し、意味の原基が既に含まれているのである。このことをプルーストは『失われた時を求めて』において印象深い仕方で文学的に表現している。

プルーストは病弱であり、自室にこもって、自己の過去の記憶をすべて再現したいという欲求に駆られ、大作『失われた時を求めて』を執筆した。この作品の主題は時間と記憶であり、哲学的色彩が濃厚である。主人公は「私」すなわちプルーストであるが、その背後から時間と記憶そのものが語り出している。つまり、時間と記憶そのものが主人公であるとも言えるのである。実際、この大作における「失われた時」の再現は、主人公の意志による意識的構成によってではなく、無意志的記憶の力によってなされている。そして、このことに前述の「物質に形相が内在し、意味の原基が含まれている」ということが深く関係する。

プルーストは不眠の夜を通過しつつ、ある契機によって突如過去の記憶が自らの意志によらず鮮明に再現される過程を描いている。最初に不眠の夜の悩ましさが描かれ、その後で失われた時が蘇《よみがえ》る様は、あたかも混沌から秩序が創発するかのようである。そして、その契機とは菩提樹のお茶に浸したマドレーヌを食べたときの匂いと味なのである。つまり、その匂いと味が無意志的記憶を介して「失われた時を求める〈私〉」と融合して、鮮烈なクオリアを形成し、一挙に過去の記憶が再現されたのである。

ここで注意すべきなのは、意識の主観的構成能という精神的要素によってではなく、菩提樹のお茶に浸されたマドレーヌという物質によって記憶が再現され、失われた時の意味の開陳が始まった、ということである。これに関してプルーストは次のように述べている。

過去を喚起しようと努めるのは空しい労力であり、我々の理知のあらゆる努力は無駄である。過去は理知の領域の外、その力の及ばないところで、何か思いがけない物質の中に（そんな物質が与えてくれるであろう感覚の中に）隠されている。その物質に、我々が死ぬより前に出会うか、または出会わないかは、偶然によるのである。(7)

ここに物質に形相が内在し意味の原基が含まれていることが示唆されている。我々は、自分の過去の記憶を現在の意識と思考の力によって再現しようとしても主観的構成に陥って、過去そのものから遠ざかるばかりである。つまり、再現の基点を現在にもってきて、現在の意識の主観的構成能力に頼ろうとすると、過去が「過去そのもの」から「現在的過去」に置き換えられてしまうのである。それゆえ、過去の記憶を再現し失われた時の意味を開示するためには、意識の主観的構成能力を放擲《ほうてき》して、物質に内在する形相が誘発する無意志的記憶に身をゆだねなければならない。

このことは結局、我々が能産的自然の力によって生かされて生きている、ということの了解につながる。そして我々が存在の意味を問うのは、自己と世界の存在根拠を求めるときである。しかしその際、自己と世界は主観と客観として対立せずに、生かしているものと生かされているものの相互帰依的融合の関係にある。この融合的関係性の中で意識的生命体としての「私」は、能産的ないし有機的（生命的）自然が世界の情報構造を形成しつつ物質に形相を付与していることを理解し、それを存在の意味への問いへと敷延するのである。また、この際、時間と空間という実在と経験の根本形式が関与してくることは言うまでもない。

アリストテレスが存在論を最初に体系化したとき基幹となった問題は、多様に語られる存在というものを統一する根拠は何か、ということであった[8]。ハイデガーは、この根本的問いを二五〇〇年後に再び取り上げ、その統一根拠を「時間」に求めた。より詳しく言えば、存在の理解をそもそも成り立たしめる根源的時間性のもつ地平的図式の脱自的統一に求めた。ここにはアリストテレスの存在論とカントの図式論の時間論的統合の意図が表れている[9]。

自己と世界の存在の意味にはたしかに時間というものが深く関与している。しかし、空間というものも顧慮しないと片手落ちとなってしまう。ハイデガーが『存在と時間』をドイツで出版した数年前にイギリスではサミュエル・アレクサンダーが『時間・空間・神性』という宇宙論的存在論の大著を上梓していた。後者に示されているように、空間は時間とともに実在の根本形式として存在の意味と密接に関係しているのである[10]。我々は、このことを銘記して、新たに存在の意味と時空の関係を問わなければならない。そして、そこに存在の意味を問うことの意味が存しているのである。

注

（1） Cf. W. James, *Essays in Radical Empiricism*, Dover, New York, 2003（伊藤邦武訳『純粋経験の哲学』岩波文庫、二〇〇四年）

（2） これ以後筆者が使う「能産的自然」という語（概念）は、ルネサンス期の自然哲学→スピノザ→シェリングと受け継がれた natura naturans の邦訳語を借用したものだが、意味は筆者流に改変している。筆者はこの語を「秩序を自己組織化し生命を創発せしめる能動的働きをもつ自然」というような意味で使っているのである。それは所産的自然（natrura naturata）に対置される神の創造作用という伝来の意味合いは全くない。むしろ有機的ないし生命的自然という概念に含まれる自然の能動的主体性の意味合いが強い。

なお、西洋哲学史における自然概念の変遷についてはR・G・コリングウッド『自然の概念』平林康之・大沼忠弘訳、みすず書房、一九七四年を参照。

（3） Cf. A. N. Whitehead, *Science and the Modern World*, The Free Press, New York, 1997（上田泰治・村上至孝訳『科学と近代世界』松籟社、一九八六年）, *Process and Reality*, The Free Press, New York, 1978（山本誠作訳『過程と実在』（上・下）松籟社、二〇〇〇年）. なお、ジェームズとホワイトヘッドの関係については、拙著『自我と生命――創発する意識の自然学への道――』萌書房、二〇〇七年の第1章と第2章、ならびにC. R. Eisendrath, *The Unifying Moment: The Psychological Philosophy of William James and Alfred North Whitehead*, Harvard University Press, Cambridge, 1971を参照されたい。

（4） P・コヴニー、R・ハイフィールド『時間の矢、生命の矢』野本陽代訳、草思社、一九九五年を参照。

（5） ヘーゲル『精神哲学』（上）船山真一訳、岩波文庫、七二ページを参照。

（6） 品川嘉也『意識と脳――精神と物質の科学哲学――』紀伊國屋書店、一九九〇年を参照。

（7） M・プルースト『失われた時を求めて』1、井上究一郎訳、ちくま文庫、七四ページ

（8） アリストテレス『形而上学』（上・下）出隆訳、一九八〇年を参照。

（9） Vgl. M. Heidegger, *Sein und Zeit*, M. Niemeyer, Tübingen, 1979, *Die Grundprobleme der Pänomenologie*, *Gesamtausgabe Bd. 24*, V. Klostermann, Frankfurt am Main, 1975, M. Heinz, *Zeitlichkeit und Temporalität: im Frühwerk Martin Heideggers*, Königshausen & Neumann, Würzburg, 1982

（10） Cf. S. Alexander, *Space, Time and Deity*, Vol. 1, 2, Macmillan, London, 1920

第2章　存在概念の練り直しと新たな存在論の方法

はじめに

前章では存在の意味を問うことの意味を論じたが、本章では「存在」という概念の根本的な練り直しと存在論の方法の刷新について考察しようと思う。

「存在」の概念は古来様々な仕方で論じられてきたが、基本となっているのは、ある存在者が知覚されるような形で空間内の一点を占める、という理解である。つまり「何かが在る」ということが、存在概念の基本となっているのである。その際「何か」は物質的物体でも理念的対象でも何でもよい。物質的物体、たとえば石ころや机は、物理的空間内の一定の場所を占める、という形で存在している。他方、理念的対象、たとえば期待や不安や愛や嫌悪は、心的表象空間の一区画を占有する、という形で存在している。実在性においてどちらが優位に立っているかは一概には決められないが、物質的物体の方が実体としての存在の地位を獲得しやすい傾向にある。

また「存在」は古くから「生成」や「無」との対比において、その概念把握が試みられてきた。ある人は「真に存在するものは不生不滅であり、生成と時間を超越している」と説いた。それに対して、ある人は「存在と生成は表裏一体の関係にあり、過程が即実在である」と主張した。存在と生成の関係をどう捉えるかは、存在概念の練り直しの際に今一度熟考しなければならないことである。筆者としては存在概念を時空と結びつけて理解しようと思うので、存在と生成を積極的に関係づけたい。

それでは存在と無の関係はどうであろうか。これは、自己が無になる可能性、つまり死の事実に直面したとき際立ってくる死生観的問題と関係するが、小さな存在と無の対立を超えた大いなる存在と無の弁証法に着目することが肝要であると思われる。自我を核としてもつ意識的生命体としての我々各人は、自己の内なる小我を超えて、自然（宇宙）の大生命と直結した大いなる我へと上昇することができる。これは、小我に執着する自己を超えて生命の大いなる連鎖へと深く帰依することを意味する。ここで自己意識と自然の大生命の関係に着目しつつ存在概念を練り直す機会が与えられる。筆者が構想する存在概念の練り直しは、意識と生命と時空という三契機と存在の関係を考察することから着手されるのである。

ところで、存在概念は時間的性質において生成と関係づけられるが、空間的性格においては「場」ないし「場所」と関係づけられる。そして、生成と場は自己組織性というものと深く関係する。筆者は、存在と自己組織性を積極的に結びつけ、「存在の場（所）的性格と自己組織性」という問題を提起したい。これは存在の能動性と包括性に関連し、存在と能産的自然との相即性を示唆する問題設定である。さらにこれに生成と進化の問題が加味され、存在と時空の関係が顕わとなるのである。

しかし、ただ闇雲に考察を進めているだけでは埒《らち》が明かない。存在論は明確な方法を必要とするのである。存在論の方法は古来、様々なものが提出されてきたが、筆者はここで独自の方法論を開陳しようと思う。それは、これまでの西洋哲学の存在論の歴史を踏まえつつも革新的なものとなるであろう。

1　存在概念の非自明性

我々は日常「存在」という言葉を頻繁に使っている。最も多く使われるのは動詞形である。「机の上に花瓶が在る」「そこには明確な意図がある」「そんなものは存在しない」「その都市は実在します」……等々。このように「存在」という言葉の動詞形には「在る」「存在する」「実在する」「いる」という数種類のバージョンがある。肯定形と非定形の対比が明瞭なのも特徴である。そして、これはそのまま存在と無の対比に置き換えられるように思えるが、それは表層的見方にすぎない。

また、「存在」には「〜である」と「〜がある」の大きな区別もある。「〜である」は本質存在を意味し、「〜がある」は現実存在を意味する。たとえば「人間は理性的生物である」と言う場合、「である」は「人間」と「理性的生物」を等置する繫辞《けいじ》であり、前者の本質が後者であることを示す役割を果たしている。それに対して「私は今、生死の際に立たされている」とか「明日の予定がある」とか言う場合、「がある」は、ある事態が現実に存立していることを示している。ちなみに、サルトルが「人間において実存は本質に先立つ」と主張する場合、「人間各自にはあらかじめ決定された本質などないのであり、自らの責任において自己の在り方を選択する自由を任されている」という意味である。[1] この主張はたしかに生命と意識を併せもつ主体としての人間に特徴的な存在様式を言い当てているが、人間には生物学的普遍性や遺伝子的決定性もあるので、自由と反本質主義と実存ばかり強調するのはどうかと思う。メルロ＝ポンティに倣《なら》って、生理的物質性も顧慮した身体の空間性と意識の関係を両義性の概念に照らして理解した方が得策であろう。

ところで「存在」という言葉には以上のような動詞的使用法とともに名詞的使用法もある。たとえば「この部署における彼の存在は大きい」とか「玲子という存在は私にとってかけがえのないものだ」と言う場合、「彼」や「玲子」は一つの「存在」として捉えられ、その価値が示唆されている。つまり、「存在」が単に「存在する」とか「居る」とか「～である」のように動詞としてではなく、特定の対象の価値を指し示す名詞として使われているのである。そして、価値を指し示すということはその「存在の意味」を尊重するということである。それゆえ「存在」の名詞的使用においては「存在」＝「存在の意味」となり、前者に後者が含意されていることになる。あるいは存在がそもそも意味を含有しているのである。こうした含蓄を端的に表示した言い回しとして「存在の重み」と「存在の耐えられない軽さ」というものがある。

以上のような「存在」の名詞的使用においては、対象が空間内の一点を占めるという物体的存在の被知覚性の意味合いはなく、意味や価値の次元を示唆するものとなっている。そして、ここが非常に重要な点なのである。我々は、一見自明に思われる「存在する」という言葉の真の意味を知ろうとするとき、空間内的物在性の知覚を超えて、意味や価値を志向しているのである。それだけではない。限定された個々の知覚空間を超えて、それらを包摂する「場」といったものを志向しているのである。そして、この「場」は自己組織化する有機体であり、能産的自然というものと深く関係している。

我々が生きる場の中で、ないしは人生行路の諸段階で、あるいは社会生活の諸場面で、存在の意味に関心をもちそれを問う際、我々は個々の存在物の眼前存在を超えて、生きることの意味に直結した価値としての存在を志向し、それと同時に限定された知覚空間を超えて包摂的な場的空間を思念しているである。これは、地球の磁場の中で諸々の生物が生命活動を営み進化を繰り返していることを参照すると分かりやすい。人間もその生物の中の一つであり、その生命と行動と意識と思考は物理的有機体としての地球の磁場の恩恵の下にある。

「存在」とは、個々の存在物が空間内に在るということではなく、その空間に栄養を送り込んでいる包摂的

「場」を示唆する。深い意味ではとにかくそうである。一見単純に思える存在概念が実は自明でないのは、それが個々の存在者の「在る」を超えた地球の磁場のような「場」を暗示しているからなのである。それゆえ我々は、存在の真の意味を知りたいなら、「存在するとは知覚されてある、ということだ」というバークリの主張を超えて、知覚空間を奥からそもそも成り立たせている「場」というものに着目しなければならない。そして、この「場」は自己組織化する有機体として、「能産的自然」と深く関係した概念であることを理解しなければならない。

また、我々は「私の存在」の本質を知るために、「我思う、ゆえに我在り」というデカルトの思想を超えて、意識と思考に先立つ無意識的生命活動としての存在に目を開かなければならない。私は能産的自然によって生かされて生きているのであり、そうして生きることの中でたまたま瞑想し、考える我の存在の特権性に思いを馳せるときがあるだけなのである。そうした主観的思念に先立ち全方向から包摂の光を放っているのは、自己組織化する場という性格をもつ能産的自然に直結した無意識的生命活動なのである。

バークリとデカルトは、一見深い思索をしているようで実は存在理解が非常に浅く、不覚にも存在概念を自明なものとみなす立場から出発してしまっている。我々は、自我や存在に関しては安易にこの二人の立場に迎合しがちだが、それは避けるべき方途である。存在概念はさしあたって非自明性の暗雲に包まれており、そのことに気づくことなしに真の存在理解に到達することはできない。バークリとデカルトの方法は主観的観念論の陥穽を象徴しているのであり、我々は視線をそこから場の自然的実在論に移さなければならない。

2　言葉による制約を超えるということ

我々の思考と概念把握は言葉によって制約されている。存在の意味に関する思考と存在という概念の理解も、

「存在」という言葉の使用法によって強く制約されている。それゆえ存在論ないし存在理解はおいおい一種の言語ゲームとなる。

ウィトゲンシュタインは「形而上学は病気であり、哲学的問題の多くは言語の誤った使用法から生じる疑似問題である」と主張した。言語が日常生活における有機的な使用法から逸脱して空回りしたとき、空虚な思弁としての形而上学的問題が生じる、と彼は言いたいのである。それゆえ、彼にとって哲学はメタ哲学（哲学監視係）として、形而上学という病気の治療ということになる。(2) それでは、こうした観点から存在論はどのように扱われるのであろうか。彼は存在への問いを言語の限界への突進とみなし、ハイデガーに触れつつ次のように述べている。

私は、ハイテガーが存在と不安について考えていることを、十分考えることができる。人間は、言語の限界に対して突進する衝動を有している。たとえば、あるものが存在する、という驚きについて考えてみよ。この驚きは、問いの形では表現されえない。そして、答えは全く存在しないのである。我々がたとえ何かを言ったとしても、それはすべてアプリオリに無意味でありうるだけなのである。それにもかかわらず、我々は言語の限界に対して突進するのである。(3)

存在への問いは古代ギリシアにおいて存在の事実に直面しての驚愕の念から生まれた。それは主に自然界の整合的秩序に関してのものであった。つまり、なぜこうした世界が存在するのだろうか、という問いを誘発する驚愕の念である。この驚愕の念はその後、自己の存在に関しても発せられることになる。「なぜ私は存在していて無ではないのか」「なぜ私はこの時この場所に存在していて、あの時あの場所ではないのか」という問いである。これは自己の現実存在の不安に関わる問いであり、周知のようにパスカルが『パンセ』において提出したものである。パスカルによると、この問いに対する明確な答えはない。無限の宇宙の永遠の沈黙が我々を冷徹に包んでいるだけなのである。

存在の問いとは、このように自己と世界の存在の事実に直面して発せられる、言葉を超えた「存在の感覚」に根差したものである。存在概念は表面的には「何かが知覚空間内の一点を占める」という物在的存在を基点としているが、根本的には「存在する」という言葉とその一連の派生態を超えた感覚から生まれてくる。そして、この感覚は存在者が現れる空間を包摂している「場」を示唆している。それゆえ、根源的な存在概念を獲得したいなら、言葉によって名指すことができる個々の存在者の存在を超えて、場としての存在というものを理解しなければならない。

ここで「存在者の存在」と「場としての存在」は同じ「存在」という言葉を使っているが、意味が違う。また意味は違うが、両者の間には派生関係があり、全く断絶しているわけではない。根源的なのはもちろん「場としての存在」の方で、派生的なのが「存在者の存在」である。ただし、日常我々が使っている言葉は個々の存在者を直接名指すことを得意とするので、「存在」もさしあたって「存在者の存在」として理解されやすいのである。しかし、その奥にある真の存在概念はやはり「場としての存在」である。そして、存在そのものに関する言い表し難い不安を感じたとき、我々は「存在者の存在」を超えて「場としての存在」に思いを寄せるのである。それはまさしくウィトゲンシュタインが言うように言語の限界に対する突進である。

「私はなぜ今ここに存在しており、あの時あそこにではないのか」「なぜ世界はそもそも存在しており無ではないのか」という驚愕的情緒を伴った問いは、「存在」という言葉の日常的使用法を超えて、自己組織化する有機体としての「場」を志向している。この「場」は能産的自然と直結するものであり、我々はそれによって生かされて生きているのである。この際、神の創造行為という古臭い概念をもち出してはならない。それは徹頭徹尾、自然の自己組織性から理解されるべきものである。

我々は地球の磁場の中で生理と心理を働かせつつ生きている意識的主体である。そして、日常生活において環境の中の対象を知覚し、それが「存在する」ということを理解する。しかし、ときおり、そうして知覚している自分自身の実存（現実存在）に関心をもち、それを憂慮する。その際、存在意識が対象的事物から自己へ移り、さらには自己を生かしている地盤へと深まっていく。

その際、「存在する」ということが「居る」ないし「住む」ということとして理解される。これは、対象的存在から居住的存在へと視点が移ることを意味する。そして、この居住的存在の理解から、その基盤としての「場としての存在」へと視点がさらに深まっていくのである。これは生かされて生きていることへの感謝であり、それを可能としている能産的自然への畏敬である。

「存在と不安」という思考案件は、この感謝と畏敬によって解決する。なぜなら、不安とは不安住（unheimlich）、つまり居心地の悪さであり、故郷喪失（Heimatlosichkeit）の感情なのだが、(4)それを解消してくれるのが「場としての存在」だからである。この「場としての存在」は、平たく言えば「魂の故郷《ふるさと》としての自然」であり、我々の内なる自然としての存在感覚は言葉の制約を超えて、常にそれを志向しているのである。すなわち、言葉に制約されている我々の思考はさしあたって対象的存在ないし物在的存在に向かっているが、言語の限界への突進の衝動に襲われると、そこから反転して魂の故郷《ふるさと》たる「場としての存在」へと視点を移すのである。

いずれの場合にも「存在」という同じ言葉が使われているが、意味が違うということは銘記しなければならない。「存在」という言葉に囚われないで、その言葉の背後にある形相を凝視しなければならない。しかるに、この形相（eidos）とは存在者や事象に本質と秩序を付与する自己組織化の原理に他ならない。言葉による制約を超えて存在の真の意味を見出すということは、自己組織化の原理としての形相を捉えることであり、それによって存在の場所的性格と自己組織性の関係が浮き上がってくるのである。

3　新たな存在論の方法

以上に述べたように、存在概念は「存在者の存在」から「場としての存在」へと深められなければならない。そして、場としての存在と能産的自然の自己組織性の関係が明確化され、存在の形相的還元がなされなければならない。さらに、この形相的還元は存在と時空の関係を明らかにすることへと収斂する。しかるに、この目標を達成するためには新たな方法論の提示が求められる。

そのためには、まず存在論と他の哲学分野の関係を考察し、存在概念の固着性を打破しなければならない。次の章では存在論と深く関係する分野として、時空論、生命論、心身問題、意識哲学が順次取り上げられ、存在概念の再構築と存在論の方法の刷新を顧慮して、それらの深い意味が論じられる。これは、存在概念をもっぱら存在論という土俵の内部で解明しようとする従来の方法に対して、存在論に開放性をもたせ、思考の補助線を引くためのものである。このやり方は何気ないが、意外な効果をもたらしてくれるはずである。そもそも哲学における存在論の衰退は、こうした開放性と補助線を顧慮しなかったことに由来する。それに対して新たな存在論は、自己存在の時間性と空間性を生命論と心身問題と意識哲学に関連させつつ考察し、そこから存在全般ないし存在そのものの時空的性格を解明する方途を探る。この方途は、自己から世界へ、自己存在から存在そのものへ、精神から自然へ、という方向性を含意している。

我々は、さしあたって自己の存在の意味に関心をもち、それを人生の意味に関連づけるが、生命そのものの意味に関心が広がると、自然科学的視点も加わり、視野が自然の自己組織性へと拡張され、最終的には宇宙全体の存在の意味を問い求めるようになる。我々の生命が有限で各自の人生に始まりと終わりがあるように、宇宙にも始まりと終わりがあることが宇宙物理学において想定されている。そして、このように始まりと終わりがある自己と宇宙全体の双方の基幹をなすものとして「時間の矢」というものがあり、それは同時に「生命の矢」でもある(5)。

生命には始まりと終わりがあり、その過程は不可逆の前進として特徴づけられる。つまり、それはまさしく「矢」のように後戻りすることなく終点に突き進むのである。矢にとって「終点」とは的であり目標である。それゆえ、生命の意味は目的論的に解釈しうる。存在に関しても同様である。そして、このことに深い存在論的意味をもつ「時間の矢」が関わってくる。そこで、「存在と時間」という問題は、生命の深淵を示唆する「時間の矢」という視点から目的論的に解明されるべきものとなる。

「時間の矢」という概念は、生命的自然から空間性ないし時間と空間の一体性を排除して得られるものだが、筆者の提案する新たな存在論では深い意味での空間性が重要な構成契機となる。その深い意味での空間性とは、存在の場所的性格と能産的自然の自己組織性に関係するものである。時間の矢は、場の自己組織性としての根源的空間性の中で前進しうる「存在の生命的特質」なのである。このことは個人の人生に関して言えると同時に、自然全体の存在ないし存在そのものについても言えることである。

要するに不可逆の時間の矢は、場の自己組織性としての根源的空間性によって実り豊かなものになりうるのである。我々各自の生命は有限であり、存在の価値も限局されたものだが、空間によってつながった共同存在の生命は有限性を乗り越える力をもっている。空間はまさに個々の時間の矢をつなぐ蝶番《ちょうつがい》であり、有限な生命を超えた「大いなる生命の連鎖」を形成する重要な構成契機なのである(6)。ただし、この「大いなる生命の連鎖」はあくまで時間と空間の統合の上に成り立っている。「連鎖」はあくまで時間的概念である。しかし、それが「大いなる生命の」それとなると、空間の巨大な意味が顕現してくる。新たな存在論は、以上のことを顧慮して「存在と時空」という問題に取り組むのである。

注

（1）J・P・サルトル『実存主義とは何か』（『サルトル全集』第一三巻）伊吹武彦訳、人文書院、一九八七年を参照。
（2）L・ウィトゲンシュタイン『哲学探究』（『ウィトゲンシュタイン全集』8）藤本隆志訳、大修館書店、一九八一年を参照。
（3）L・ウィトゲンシュタイン『ウィトゲンシュタインとウィーン学団』（『ウィトゲンシュタイン全集』5）黒崎宏訳、一九七六年、大修館書店、九七ページ
（4）ハイデガーの『形而上学とは何か』ならびに後期の諸著作を参照されたい。また、川原栄峰『ハイデッガーの思惟』理想社、一九八一年もこのことに関して興味深い考察を展開している。
（5）P・コヴニー、R・ハイフィールド『時間の矢、生命の矢』野本陽代訳、草思社、一九九五年を参照。
（6）個的生命の有限性と大いなる生命の連鎖の関係については、拙著『創発する意識の自然学』萌書房、二〇一二年で既に考察してある。

第3章　存在論と他の分野の関係

はじめに

存在論は古代ギリシアにおいてプラトンとアリストテレスが創始した哲学の中軸分野であるが、近代以降中軸の地位から外れ、衰退の途を歩んできた。前世期にハイデガーが盛大に復興させたものの、その勢いは古代中世にはとうてい及ばない。なぜ、かつては尊重されたのに、現代では萎《しぼ》んでしまうのだろうか。それは、哲学から随時独立していった個別科学の興隆、ならびに哲学内部での問題の複雑化と専門分野の多様化のせいである。古代中世においては形而上学としての存在論が哲学のみならず学問全般を統制する力をもっていたが、近代以降、とりわけ現代では存在論自体が哲学の一分野に成り下がり、その率先的地位を剥奪されてしまったのである。裏を返せば、現代において存在論は専門化されて哲学の他の分野や諸科学との関係を弱め、開放性がなくなり、その結果ますます不毛なものになってきているのである。ハイデガーの最後の呼びかけも何か弱々しく、空しくこだましている感は拭えない。それゆえ、存在論の真の復興のためには他の分野との積極的関係づけが必須であるように思われる。

ただし、個別科学の他分野にまで手を伸ばして、アリストテレスが構想したような万学を統制する存在論の理念を模索しようとしても現代ではうまくいかないであろう。それゆえ、とりあえず哲学の他分野のいくつかとの関係を探ってみた方がよいであろう。その際、特に自然科学との関係が深い哲学の分野を取り上げることが有益だと思われる。そこで筆者は、そのような分野として時空論と生命論と心身問題と意識哲学を取り上げることにした。

このうち時空論は存在論と最も関係が深い分野であり、今更の感はあるが、改めてその関係の意味を吟味・熟考し、存在論の再構築の基礎としたい。ここでハイデガーとメルロ＝ポンティとサミュエル・アレクサンダーが参照されるのは言うまでもない。次に、生命論は存在論との関係がこれまで暗に示唆され続けてきたにもかかわらず、その関係の核心は未だ手つかずとなっている。そこで、その関係をできるだけ体系的に論じようと思ったのである。ここでは存在と生命の深い関係が生物学ないし生命科学の知見も参照されつつ考察される。その次に取り上げられるのは心身問題である。これも存在論との関係が明確化されないままになっていた分野だが、ここであえてその関係の内実に踏み込みたいと思う。最後は意識哲学の登場である。ドイツ語で意識のことをBewußtseinと言うが、これを直訳すると「自覚態‐存在」となる。これは単なる語源的詮索を超えて、意識と存在が密接に関係することを暗示している。「自分って何」「なぜ私はこの世にこういう形で存在しているのだろうか」という問いは自己意識のなせる技であるが、「なぜそもそも存在するものは存在していて無ではないのか」という存在論の根本問題と密接に関係していることは明白である。つまり、存在論と意識哲学は裏表の関係にあるのだ。しかし、この関係もこれまで十分体系的に論じられてきたとは言えない。そこで、筆者はあえてその関係の本質を抉《えぐ》り出そうと思うのである。

時間を生きる空間内存在としての「私」が自己の存在の意味を問う。そこから翻って存在そのものの意味を問う。つまり、自己への問いと存在論は一体なのである。「私は何のために生きているのだろうか」「私はなぜ存在しているのだろうか」という難問は直前に挙げた四つの分野との関係を吟味されることを通して、存在そのものの意味へと開かれていく。すなわち、次章で扱われる「存在の場所的性格と自己組織性」という問題へと深まっていくのである。

1　存在論と時空論

時間と空間は経験と実在の根本形式である。それゆえ、存在論と時空論は切っても切り離せない親密な関係にある。実際、古代ギリシアから中世、近代を経て現代に至るまで、存在論は常に時空論と対話してきた。古代ギリシアにおいて哲学が自然の根本原理の探究から出発したとき、生々流転する自然界の根本的構成要素として時間と空間は既に重視されていたのである。その際、存在と生成の関係が考察の軸となっていた。ソクラテス以前の哲学者の中ではパルメニデスとヘラクレイトスの思想的対立が有名である。前者は、真の存在は不生不滅であると考え、生成と物体の運動を仮象とみなした。これは存在を無時間的永遠の相から捉える立場であり、必然的に時間よりも空間を重視することになる。それに対して後者は、静止的な無時間的存在の観念を否定し、生々流転を繰り返す生成的過程こそ存在の根本相であるとみなした。この観点からすると、とりあえず空間よりも時間が重視されると言えるが、自然界の運動と生成の過程は空間的拡がりを伴うダイナミックなものなので、時間も空間と融合した時‐空として捉えられることになる。

パルメニデスの存在観はエレアのゼノンに強い影響を与え、有名なパラドックスを生み出す機縁となった。「飛んでいる矢は実は静止している」など四つのテーゼに集約されるゼノンのパラドックスは生成と運動を否定するものとして、今日に至るまで哲学と物理学と数学において議論されてきた難問である。ベルクソンによると、ゼノンの立場は時間を空間化するものであり、純粋持続としての根源的時間を顧慮できていないものとみなされる(1)。しかし、ベルクソンの観点はあまりに時間重視に偏っており、自然界の時空融合的なダイナミズムには適合しない。パルメニデスvsヘラクレイトス(a)、ゼノンvsベルクソン(b)という思想的対立を比較すると、(b)があまりに空間重視と時間重視の不毛な対立の色彩が濃厚なのに対して、(a)は存在と生成の関係を自然界の時空融合的なダイナミズムへと弁証法的に発展させる機縁となりうるように思われる。

要するに存在論は空間と時間のどちらかに偏ってはだめで、両方を平等に思考に取り入れ、さらには両者を融合した「時-空」と存在の関係を問わなければならないのである。これは同時に、至福の超時間的永遠vs無常という世界観上の表層的対立を超えて、生命の大いなる連鎖へと参入することを意味する。そして、この生命の大いなる連鎖は自然の大生命の時空融合的なダイナミズムを中枢としている。ここではこのことに関して詳論できないが、とにかく「存在から時間性を剥奪する無時間的永遠主義」と「時間の空間化を過度に戒めつつ純粋持続という生命の内面性へと沈潜する立場」の双方が自然の大生命に根差した「存在の真相」から逸脱していることだけは銘記しておいてほしい。

それでは存在の真相を、時間と空間のどちらにも偏らず、かつ両者を融合して問う適切な方法はどのようなものであろうか。それは、ハイデガーの『存在と時間』の方法とメルロ゠ポンティの『知覚の現象学』のそれを融合して、「存在と時空」というテーマを論ずる基盤を作り、さらに実際にそれに近い問題を取り扱った哲学書も参照することである。そうした哲学書としては、何と言ってもサミュエル・アレクサンダーの『時間・空間・神性』が挙げられる。これら三冊の哲学書を最重要な参考書として座右に置き、かつ「存在と時空」という問題そのもの、事象そのものに食い入る姿勢を堅持できるなら、存在の真相を時空融合の観点から解き明かすことへの道は確実に開かれるであろう。ただし、ここは緻密な思想解釈の場ではないので、三冊の哲学書ないし三人の哲学者の思想は大まかに参照されることになる。

ハイデガーは『存在と時間』において、存在一般（つまり、多様に語られる存在の意味を統一する存在の理念）を解明するための予備段階として、現存在（存在を了解する人間の存在）の存在の意味を解明しようとした。その際、現存在（人間）の存在の意味は時間性とされたが、ハイデガーはさらにこの現存在の時間性を基にして存在一般の時間的意味を説明しようと当初目論んでいたのである。しかし、この構想は中途で挫折し、公刊された『存在と時間』は現存在の時間性（つまり人間存在の時間的意味）の解明に終始するものとなった。ここに誤解の元がある。『存在と時間』は人間存在の時間的意味を解明しようとした本ではなく、存在一般（ないし存在そのもの）の理念を時間という地平から解明するという最終目標を目指したものだったのである。(2) 筆者は大学院の修士論文（『ハイデガーの基礎的存在論における時間の問題』）においてこの間の事情を論じたが、(3) 今回『存在と時空』という著書を書くことになって、改めてこのことが気にかかっている。

それだけではない。一般に時間偏重と思われているハイデガーの存在論には空間性の問題が深く影を落としていたのであり、そのことに着目したいのである。このことは『存在と時間』において現存在の根本機構が「世界内存在（In-der-Welt-Sein）」とされ、暗に空間性が重視されていたこと、そしてそれがメルロ＝ポンティの『知覚の現象学』における世界内属的身体の空間性の分析に強い影響を与えたことによって、その意味が際立ってくる。(4)「存在と時空」という問題を論じる際の最良の手引きがここにある。つまり、ハイデガーによる人間存在の時間性の分析が世界内存在という空間的要素と不可分であったこと、そしてそれがメルロ＝ポンティにおいて身体的な人間存在の空間性の分析として大きく花開いたことに着目すると、「存在と時空」というテーマないし存在論と時空論の関係を論じる足場が得られるのである。

ただし、それだけでも物足りない。やはり人間存在の分析を超えて、存在そのものの意味を問わなければならないのである。そのための手本が存在論の大御所アリストテレスの『形而上学』なのは言うまでもない。だが、アリストテレスは存在と時間・空間の関係について体系的に論じなかった。そこで着目されるのが、二〇世紀のイギリスの哲学者サミュエル・アレクサンダーである。彼は、大著『時間・空間・神性』において時間と空間を実在の根本質料とみなし、宇宙全体が時間と空間の融合した「時‐空」を基盤として神性（deity）という完成態を目指して創発的に進化する、と主張した。これは宇宙論的形而上学であり、存在論の範疇に属するものである(5)。

アレクサンダーの立場は実在論であり、カントが超越論的観念論の立場から時間と空間を経験の基盤をなす感性の根本形式と規定したのに対して、時間と空間を実在の根本質料とみなしたことに特徴がある。ハイデガーとメルロ＝ポンティの時空理解はどこかカントの超越論的哲学の影を引きずっており、存在ないし実在に関わる人間の側に時空の意味を引きつけていたように思われる。それに対して、時間と空間を実在の形式ならぬ根本質料とみなすアレクサンダーは、意識主体としての人間の経験の分析を超えて、実在そのものの存在形式としての時‐空を論じたのである。これはある意味で、ハイデガーの『存在と時間』の未完の部分、つまり存在そのものの時間性の解明と類比的であり、かつ空間の問題も大々的に取り上げられているので、「存在と時空」というテーマの設定のために大変参考になる。

我々はさしあたって自己の存在の意味を時間・空間に結びつけて考察し、それをもって「存在と時空」という問題に取り組んでいるものと考えがちだが、その問題に真に取り組むためには自己の存在の意味の考察だけではだめで、自己を取り囲む環境、社会、自然全体から宇宙にまで視野を広げる必要がある。とはいえ宇宙物理学まで取り込んで「存在と時空」というテーマを展開するのは無理である。むしろ世界への関わり、社会への関わり、自然への関わりといった諸局面における意識的主体としての「私」の存在と時空という問題に焦点を当てた方が哲学として実り豊かなものとなるであろう。しかしその際、超越論的哲学のように経験の分析に終始しないで、実在論的観点を堅持し、客観的自然の過程を重視しなければならない。たとえば、人間存在を論じる際にも心理や意識ばかり重視しないで生理や脳にも目を配るのである。そして、この観点は生命論と心身問題と意識哲学が存在論とどのように関係するかを考察する際にも中核となり、その有効性がますます明らかとなるであろう。

2　存在論と生命論

「私は存在する」という事実は「私は生きている」ということと表裏一体の関係にある。環境内存在としての「私」は、生命なき諸物体のように空間内の一点を占める形でただ存在するのではなく、自覚的意識によって空間内で能動的に身体を動かして他者と関わりつつ、時間的生成の過程を生きている。つまり、「私は存在する」という場合の「存在する」ということは、空間の中で時間的に生成しつつ「生きている」ということに等しいのである。そもそも「存在するとはどういう意味か」と問い、一見自明に思われる「存在」という概念の深い意味に関心を寄せる人間という生き物の自覚的意識があるからこそ、古代から現代まで存在論、ひいては哲学というものが受け継がれてきたのである。そして、それへの関心は哲学者や知識人に限られず、自分が生きていることの意味を問うすべての人に遍《あまね》く広がっている。

この宇宙が時間的な始まりと終わりをもつという仮説は哲学的宇宙論や物理学において古くから主張されてきたものだが、それは人間各自の人生に始まりと終わり、つまり誕生と死があるという事実と相即し、自我と宇宙の融合的統一性の次元へと目を開かせる。自分の一生が僅《わず》か八〇年なのに対して宇宙の年齢は現在約一三八億年である。しかも宇宙はまだまだ存続するから、この差はますます開く一方である。つまり、たとえ宇宙に始まりと終わりがあるとしても、その悠久の時の流れに比べれば、人間各自の一生はまさに一瞬にすぎないのである。さらに宇宙は空間的にも無限大であり、その中に存在する人間各自は芥子《けし》粒以下のものとなる。そして、無限大の宇宙は永遠の沈黙の相において冷たく我々を包んでいる。それゆえ、パスカルが言うように「この無限の空間の永遠の沈黙は私をおそれしめる」のである。[6]

　しかし、私は無限へと向かって飛躍する意識の力によって宇宙を逆に包み、自己の生命と存在の意味を時間の限界に抗《あらが》いつつ把握しようとする。これは直線的に進行する時間の水平的流れを垂直方向に超越しようとする姿勢であり、超時間的永遠の希求を意味する。ここで存在論と生命論が「時間と永遠」という古くからの思考案件に照らして統合される。あるいは存在論と生命論の接点がその思考案件から照らし出される。「失われた時を求める心」と「存在の意味への問い」が出会うのもここにおいてである。そして、超時間的永遠の探求には空間性の深い意味の理解が要求される。とすれば、存在論と生命論の接点にはやはり時空論が深く関わってくるのである。それゆえ、単に生命の概念やメカニズムを解き明かすという姿勢では存在論と生命論の接点は見えてこない。

　「生命とは何か」という問いは古代から現代に至るまで西洋と東洋の双方で考え続けられてきた逸品である。二〇世紀に登場した分子生物学によって、生命の本質が細胞核内のＤＮＡの働きによって完全に説明可能であるかのような期待を人々に抱かせたが、それはやはり生命の本質の核心に届くものではなかった。つまり「生命とは何か」という根本的問いの上面を撫《な》でただけのものだったのである。換言すれば、それは生命の本質と言うよりは生命の分子的メカニズムの一面を説明しただけのものだったのである。遺伝情報の伝達と複製、ならびに生体の生理的メカニズムの組織化が、細胞核内のＤＮＡによってすべて賄《まかな》われていることが判明すると、多くの学者が生気論に代表される従来の神秘的生命観を撤廃して、唯物論的生命観をＤＮＡ還元主義によって極限まで推し進めようとした。つまり、生命の本質の説明はＤＮＡによる遺伝情報（＝生命情報）の伝達と複製によって説明可能であり、非物質的説明原理を完全に不要とみなしたのである。この主張の特徴は物質主義的であると同時に要素還元主義偏愛的だということにある。たしかにDNAの働きは生命活動の分子的メカニズムの中核を担うものだが、それを取り囲む生体内外の環境や他の分子的要素も極めて重要である。しかし、DNA還元主義者たちは環境からのフィードバックを無視して、DNA→メッセンジャーRNA→タンパク質への翻訳という方向性しか認めなかった。これはDNAセントラルドグマと呼ばれ、一時猛威を振るったが、その後、遺伝情報の形質発現に環境からのフィードバックが関与することが分かると、大きく修正されることとなった。この観点は分子生物学の内部で次第に進化し、DNAだけでは生命の本質はおろかメカニズムすらも完全に説明はできない、ということが共通の見解となり、さらにDNAだけではない遺伝と生命活動の仕組みが着目され、研究が深まってきた。(7)

生命個体における遺伝子の総体はゲノムと呼ばれる。ヒトゲノム解明とは、人間の生命の分子的メカニズムの解明をゲノムの塩基配列の完全な解読によって達成しようとするものである。この野望もエピジェネティクスという生命科学の新分野によって打ち砕かれようとしている。生命現象はやはりDNAだけでは説明不能で、DNAを取り囲む細胞、組織、器官、身体全体といった生体内環境、ならびに生命個体が活動している外部世界の環境からの影響が極めて重要だということが分かったのである。(8) 生命の本質が「環境の中で生きる」ということ、つまり「世界の中に存在する」ということと切っても切り離せないということが、単に世界観哲学の観点からではなく生命科学の視点からも主張されたことは注目に値する。

我々は、自己の存在の意味を世界の存在の意味と絡めて探索する意識的生命体である。「なぜ私は存在するのだろうか」という自己存在への問いは「私は何のために生きているのだろうか」という人生(人間的生命)の意味への問いと密接に関係している。そして、自己の存在と生命への問いは、世界そのもの(宇宙全体)の存在の意味への問いと表裏一体の関係にある。「自己の一生に始まりと終わりがあり、宇宙にもそれがある」ということは、生命と存在の根本的時間性へと目を開かせる契機となる。換言すれば、そのことを介して存在論と生命論が「自己と世界の根源としての時間」という観点から統合されるのである。これに空間の問題が連携することは言うまでもなかろう。

前述のように、時間と空間は人間的経験の根本形式であるとともに実在の根本質料である。我々が世界の中で生きていくことは、経験面では意識の時間性と空間性によって認知‐行為的枠組みが与えられ、存在面では世界そのもの（実在）の根本構造としての時間と空間によって基盤が供給されている。アレクサンダーとホワイトヘッドの宇宙有機体論は、西洋古来の自然有機体説を継承しつつも、時間と空間ないし両者の融合体として時‐空を世界の根本構造の座に据えたことに特徴がある。ちなみに両者ともベルクソンの影響を受けているが、彼のように唯心論的な方向には奔《はし》らず、自然的実在論の観点を堅持した。ベルクソンは、時間と空間の対立を生命の内面性へと遡及する形で解決しようとし、純粋持続としての時間の概念を称揚した[9]。それに対してアレクサンダーとホワイトヘッドは当時の物理学の知見を導入し、かつ自然の大生命ないし宇宙の大生命と言えるような次元を重視しつつ、時間と空間を人間的経験と実在の相即性において捉え、有機的世界（生きた世界）の根本構造とみなしたのである。その際、時間と空間は基本的には等根源的に重要なものとみなされたが、いくぶん時間の方に優位性が与えられていたこともまたたしかである[10]。やはり存在論にとって時間は重要なのである。また『時間の矢、生命の矢』というタイトルが魅力的に感じられるように、生命論と絡めても時間の存在論的意義は格別である。ハイデガーの『存在と時間』がそのタイトルだけでも万人の興味を引くのも当然である。しかし、空間の意義もやはり無視できない。また、空間は生命の生態的次元に深く関与する。さらに、周知の生きられる身体の空間性の問題もある。これらのことを顧慮して存在論と生命論を統合し、「存在と時空」という根本問題に取り組まなければならないのである。

3　存在論と心身問題

存在論との関係が問われるべきもう一つの重要な哲学分野がある。それは心と身体の関係を問う心身問題である。心身問題の起源はプラトンの『パイドーン』におけるソクラテスの提言に求められる。そこでは身体の生理的因果性に還元されえない精神の理性的自律性が強調されている[11]。これは死を前にしたソクラテスの命がけの主張であると同時にプラトンのイデア論的精神主義を表現したものである。プラトンによれば万物の根源は「善のイデア」であり、それによってすべてのものに存在が付与され、それに照らしてあらゆる認識の正当性が確認される。つまり、「善のイデア」は存在と認識（知）双方の根源なのである[12]。この「善のイデア」に基づいて、ソクラテスとプラトンは心と身体の関係を精神の理性的自律性優位の方向で捉えたのである。ここに存在論と心身問題の密接な関係性が既に現れている。

存在論と心身問題の関係の把握は、精神と自然の関係をどう理解するか、ということと深く連携している。心身問題は狭い意味では人間個体における心と身体ないし心理と生理の関係を論じるものだが、存在論的な世界把握にも敷延可能であり、その際には世界の根源を精神と自然のどちらに求めるか、という問いへと深まる。要約すると、心身問題は狭義では心と身体の関係を扱うものであり、存在論的に敷延されると世界の根源としての精神と自然の関係を論じるものとなるのである。

プラトンは、『パイドーン』においてはソクラテスに託して自然に対する精神の優位を主張したが、晩年の異端的作品『ティマイオス』では存在の根源を自然の秩序に求める姿勢が吐露されている。この作品は副題が「自然について」となっており、彼のこれまでの精神主義的イデア論を方向転換し、自然の存在論的意味を高らかに主張するものとなっている[13]。我が国におけるプラトン哲学研究の泰斗・藤沢令夫は、この点に着目して、プラトンの哲学が二元論的精神主義であるとする従来の解釈を否定し、それが根本的には精神と自然の対立を乗り越える方向を求めていたことを強調している。そして、その現代的意義を強調する際にホワイトヘッドの思想を援用している[14]。

心と身体の関係を問うことは、自覚態-存在（Bewußt-sein）、つまり意識（Bewußtsein, consciousness）を自己存在の核とする生命体としての人間の存在の意味を問うことにつながる。そして、人間は環境世界へと関わりつつ生きる世界内属的存在である。それゆえ、人間個体の内部での心と身体の関係は、外部の環境世界における自然と客観的精神（文化、歴史、法律、風習など）の関係と相即性をもっている。主観的精神としての人間各自の心は、社会文化的環境における客観的精神の個体的分有化の産物なのである。また、身体は生物学的遺伝子ＤＮＡによって形成されているが、心の形成には脳という生物学的基盤に加えて文化的遺伝子ミームが大きな役割を果たしている。生物学者ドーキンスが提唱したこのミームという概念[15]は、直前に述べた客観的精神と類縁性をもっている。普通、心というともっぱら人間各自の内面的意識、つまり主観的精神を連想してしまうが、社会文化的世界の情報構造たる客観的精神も顧慮しなければ、とうていその本質は理解できない。また、単に個人の心と身体の関係にばかり着目していては、心身問題は存在論的に狭窄し、人間存在の一面にしか関わらないものとなってしまう。それゆえ、心身問題が人間存在論たらんとするなら、個体における心と身体の関係の考察を超えて、「心と自然」という問題に拡大されなければならない。

プラトンやアリストテレスが想定した心と身体の関係の考察がそのような存在論的ないし宇宙論的広がりをもっていたのに対して、近代的な自我と主観性に固執し、心身問題を個体における心と身体の関係へと矮小化した張本人デカルトの思想は、著しく狭窄している。彼が主張した「我思う、ゆえに我在り」というテーゼは、「我」の存在の意味を主観的意識の把捉能力の檻に幽閉したものであって、心が自然全体と社会文化的環境へと延び広がっていることを無視している。それゆえ、その存在論的価値は極めて低い。デカルト以降、心の本質の解明は哲学と科学双方において人間個体内部での身体との関係からなされ、主観と客観の対置が精神と物質の対置へと固定され、心身問題は主観的精神と客観的物質の関係を問うものへと成り下がってしまった。

我々はこうした傾向を打破し、心身問題を世界の根源の探求と結びつけつつ、それと存在論の関係の解明を模索しなければならない。ただし、自己の問題はあくまで重要であり、心身問題は自己存在の本質を無視することはできない。そこで、哲学古来の「自己と世界」という問題が浮き彫りにされる。心身問題は自己と世界の双方に張り渡されたものであり、自己存在の本質と世界の根源を橋渡しする形で存在論と融合するのである。その際に時空論がどのように関わってくるかに関しては、第Ⅱ部で詳しく論じることにしよう。

4　存在論と意識哲学

存在への問いと意識への問いは密接に関係し、複雑に絡み合っている。「存在」というものが事物の単なる空間内の位置占有ではないことは繰り返し指摘してきた。「存在」は意味や価値を含んだ概念であり、存在概念を形相的還元によって捉えると、意味や価値に関わる「意識をもった生命体」としての人間的自我から切り離せず、かつそれを包んでいる「自己組織化する〈場〉」となるのである。

「存在」を知覚対象の空間的位置占有から知覚主体の意識へと吸収すると主観的観念論や超越論的哲学の視点になってしまう。つまり、存在が意識内在主義的に理解され、意味や価値との関係が過度に強調される破目になるのである。「我思う、ゆえに我在り」と説いたデカルト、ならびに「存在するとは知覚されてあることだ」と主張したバークリ、あるいは存在への問いを意識の超越論的主観性に向け換えたフッサール。こうした人々はみなこの轍《てつ》を踏んでいる。「存在」はたしかに自己意識と密接に関係しているが、意識の主観性に還元できるような代物ではない。それは意識的生命体をそもそも存在せしめ、生かしている能産的自然の客観的実在性として、個体の主観的意識作用をやさしく包んでいるのである。

「私」が意識を働かせて自己の存在の意味を問うとき、その反省的思考作用はすでに能産的自然の先行的存在性によって深く規定されている。普通、精神と物質、ないし精神と自然は二元対立の相において捉えられ、内的意識と外的自然は分離し、両者の間の相互浸透的統一関係が見失われている。その際、自己の身体ですら内的意識の領域から除外され、物質的自然の方に追いやられてしまう。しかし、意識はもともと自己の身体と不可分のものであり、この性質によって内部と外部の柵を超えて能産的ないし有機的自然と融合しているのである。それゆえ、意識への問いと存在への問いを有意義に結びつけたいなら、内部と外部、主観と客観という対立相を超えて意識と自然の有機的相即性を捉えなければならないことになる。この際、意識と生命の関係が改めて吟味され、自己と世界の関係を軸として存在への問いが新たに提起されなければならない。これによってかけがえのない自己が主観性へと矮小化されることなく、自然の豊饒性と融合する形で存在論との関係を保つことができるのである。

そもそも自己の存在の意味を反省し人生の意味を問う「意識」は、能産的自然の自己組織化活動が生命個体に流入することによって創発したものなのであり、後者によって無意識下から根底的な恩恵を受けているのである。「意味と価値を欠いた機械的因果体系としての無機的自然、ないし冷たく黙した大宇宙」vs「繊細な心によって自己の実存を意識する精神的自我の主観性」という対置図式はもはや通用しない。というより、古代から一度も正当であったことはない。

ところで、存在は意識によって捉えられる。それでは、その意識の存在はどのように考えたらよいであろうか。意識が空間的位置占有という存在様態をもたないことは古くから指摘されてきた。つまり、それは物体的対象化に逆らう性質をもっているのである。デカルトがこの点に着目して、精神としての意識を「考えるもの（res cogitans）」と規定し、それを「延長するもの（res extensa）」としての物質（質量をもった物体）に対置したことはあまりに有名である。つまり、意識は対象化されえない非空間的で非物体的な精神実体であり、物質は空間の中に明確な位置を占有する物理的実体である、とデカルトは考え、両実体を矛盾対当の関係に置いたのである。この実体二元論と呼ばれる思想は一七世紀から一九世紀まで多くの信奉者を生み出し、二〇世紀以後廃れたとはいえ、まだその影響は哲学と科学における心身関係論の領域で影響力を保っている。また、意識（精神）と物質の二元論的対置は一般人の常識にも深く食い込んでおり、隠れデカルト主義ないし俗流二元論は巷《ちまた》に蔓延している。

ジェームズは「常識と通俗的哲学は徹頭徹尾二元論的である」と主張した。[16] そして、デカルトが意識を精神的「実体」として捉える観点を否定し、それを認知的「機能」として理解した。さらにジェームズは、心身二元論と主観‐客観対置図式を乗り越えるために「純粋経験」という概念を創案した。彼は基本的にイギリス経験論の系譜の中にあるが、決して観念論的になることはなく、自然的実在論の観点を堅持していた。そうした観点からすると、意識の存在は、物の存在と無差別な「実体」としてではなく、心身を総括する経験の一契機、一機能として「プロセス的な存在」の地位を付与される。それゆえ彼は「意識はモノでなくてプロセスである」と主張したのである。[17]

ジェームズのこうした思想は、存在論と意識哲学の関係を考える際、大変参考になる。意識は空間であれ非空間であれ「どこかにある」のではなくて、プロセス的に機能するという形で、意識の所有者の「生きていること」ないし「存在していること」の一翼を担っているのである。つまり、それは人間各自の存在の一契機なのであり、その存在システム（生命システム）から切り離して、それ自体で単独に存在する「実体」として理解されるべきものではないのである。「存在」は、人間個体の場合でも物質の場合でも自然全体の場合でも、とにかく当のシステムの全体性を顧慮して理解されるべきものであり、物体や粒子の空間内位置占有をモデルとして捉えられてはならないのである。こうした考え方は、意識が我々各自の「生きること」の重要な一契機であり、「生きること」から切り離して理解することはできない、という日常的感覚と合致するはずである。意識は生きることから言葉のみ一人歩きするように分離できず、それゆえ独立で存在することなどない。むしろ、それは「存在の重み」や「存在の耐えられない軽さ」といった人生の尊厳や意味や価値に関わるものなのである。

ところで、意識がプロセスであるということは、それが時間的存在性格をもっていることを示唆している。また、意識が非空間的な精神実体ではなくて、世界へと関わる身体の空間性を携えているとするなら、意識のプロセス的性格には時間性のみならず空間性も帰属することになる。ただし、この点に関してジェームズはそれほど深く考察していない。そこで、これまで何度も言及してきたハイデガーとメルロ＝ポンティの思想を援用することが望まれる。この二人の思想を応用して言うと、意識は内面に幽閉されたものではなく、世界へと開かれたものであり、時間的性格とともに身体の空間性によって構成されている。こうした時空的性格を顧慮して意識のプロセス的存在性格を捉えることが肝要だと思われるが、その際徹底して心身二元論は退けられ、両義性の哲学の観点が堅持されなければならない。

これまで何度も触れたことだが、「意識」はドイツ語でBewußtseinと言い、直訳すると「自覚態‐存在（Bewußt-sein）」となる。我々は自己の在り方に思い寄せるという点において、あらゆる生物の中で突出している。意識自体は生物進化の過程で生まれた自然的な生命的認知機能の一契機だが、人間の意識は再帰的反省能力において傑出しており、意識の主体たる「自己」への関与が極めて強いのである。この自己関与性を極限まで推し進めると主観的観念論や独我論に行き着くが、意識と存在の関係を深い次元で捉えたいなら、「世界へと開かれた自己」という観点を堅持しなければならない。それは独我論に帰着するような主観的観念論の対極にある自然的実在論の観点である。

認知心理学的に言うと、意識は覚醒（arousal）、気づき（awareness）、自己意識（self-consciousness）という三つの階層から成っている。主観的観念論や超越論的哲学の信奉者たちは、意識を最上層の自己意識に限定して理解したがるが、自然主義ないし自然的実在論の立場からすると、自己意識は生物の基本的認知能力たる覚醒という意識の最低層を基盤として初めて成り立つものであり、それだけが意識の特権的地位を有しているわけではない。覚醒と気づきと自己意識を存在理解に対応させると、次のようになる。つまり、覚醒は「ただ生きているという形で無意識的に存在に関与している」のであり、気づきは「世界の中で自分が生きており、世界内の諸対象が知覚されている、ということが理解されているという形で対象知覚的に存在に関与している」のである。そして、自己意識は「自分が世界の中で生きているのはなぜだろうか、と問いつつ、存在を自己の意識的生に還元する形で存在に関与している」のである。

「存在」を意識との関係で真に包括的な捉えたいのなら、直前に述べた意識の三階層すべてを顧慮して、自己と世界を能産的自然の恩恵の下で統一的に捉えなければならない。自覚態-存在としての意識は、再帰的で反省的な自己意識に収斂《しゅうれん》する以前に、能産的自然の自己組織化活動に巻き込まれていたのであり、その自己組織化活動が個体における生命活動の一環としての意識に反映したものである。そして、自覚的反省機能が傑出している人間においては、外界や自然や物質から切り離された純粋自我の自己意識が、自然と直結した意識の低層を押しのけて、意識の本質として際立ってしまうのである。しかし、それでは意識と存在は結局分離してしまう。それゆえ、意識と存在を統一的に捉えたいなら、意識の三階層を統制する「経験」というものに目を向けなければならないことになる。

ジェームズが提唱した純粋経験の概念は、主観と客観の分離以前の生の経験であり、能産的自然の自己組織性と直結している。主観的な自己意識は、あくまで反省の結果生じたものであり、しょせん純粋経験の子分なのである。

こうした能産的自然の自己組織性と直結した純粋経験から理解される「意識」に関する存在論的考察によって、意識哲学は存在論と有意義に結びつくのである。

注

（1）ベルクソン『時間と自由』平井啓之訳、白水社、一九八四年を参照。
（2）Vgl. M. Heidegger, *Sein und Zeit*, M. Niemeyer, Tübingen, 1979, *Die Grundprobleme der Pänomenologie, Gesamtausgabe Bd. 24*, V. Klostermann, Frankfurt am Main, 1975, M. Heinz, *Zeitlichkeit und Temporalität: im Frühwerk Martin Heideggers*, Königshausen & Neumann, Würzburg, 1982
（3）拙著『時間・空間・身体――ハイデガーから現存在分析へ――』醍醐書房、一九九九年の第1章を参照。
（4）M・メルロ＝ポンティ『知覚の現象学』（I・II）竹内芳郎他訳、みすず書房、一九八五年を参照。
（5）Cf. S. Alexander, *Space, Time and Deity*, Vol. 1, 2, Macmillan, London, 1920
（6）パスカル『パンセ』（上）津田穣訳、新潮文庫、一九九九年、一四四ページ以下を参照。
（7）B・グッドウィン『DNAだけでは生命は解けない――「場」の生命論――』中村運訳、シュプリンガー・フェアラーク東京、一九九八年を参照。
（8）仲野徹『エピジェネティクス――新しい生命像を描く』岩波新書、二〇一四年、太田邦史『エピゲノムと生命――DNAだけではない「遺伝」のしくみ』講談社、二〇一三年などを参照。
（9）ベルクソンの前掲書を参照。
（10）Cf. S. Alexander, *Space, Time and Deity*, Vol. 1, 2, Macmillan, London, 1920, A. N. Whitehead, *Science and the Modern World*, The Free Press, New York, 1997（上田泰治・村上至孝訳『科学と近代世界』松籟社、一九八六年）, *The Concept of Nature*, Promeyheus Books, New York, 2001（藤川吉美訳『自然という概念』松籟社、一九八二年）, *Process and Reality*, The Free Press, New York, 1978（山本誠作訳『過程と実在』（上・下）松籟社、二〇〇〇年）
（11）プラトン『ソクラテスの弁明・クリトン・パイドーン』田中美知太郎・池田恵美訳、新潮文庫、一九九〇年を参照。
（12）プラトン『国家』（上・下）藤沢令夫訳、岩波文庫、一九八〇年を参照。

(13) プラトン『ティマイオス』(『プラトン全集』12、種山恭子訳、岩波書店、一九八七年)を参照。

(14) 藤沢令夫『プラトン哲学』岩波新書、二〇〇七年、『ギリシア哲学と現代』岩波新書、一九八九年を参照。

(15) R・ドーキンス『利己的な遺伝子』日高敏隆訳、紀伊國屋書店、一九九五年を参照。

(16) W. James, *Essays in Radical Empiricism*, Dover, New York, 2003, p. 72(伊藤邦武訳『純粋経験の哲学』岩波文庫、二〇〇四年、一四四ページ)。

(17) W. James, *op. cit.*(伊藤邦武、前掲訳書), *Psychology: The Briefer Course*, Dover, New York, 2001(今田寛訳『心理学』〔上・下〕岩波文庫、二〇〇一年)を参照。

第4章　存在の場所的性格と自己組織性

はじめに

本章は第I部「存在論」の終章であり、総括である。ただし新たな見解の提出もある。

本章のタイトルは「存在の場所的性格と自己組織性」となっているが、このうち「場所的性格」は空間を意味し、「自己組織性」は時間を示唆している。つまり、このタイトルは本書の主題「存在と時空」の別表現なのである。

存在が、物体の空間的位置占有ないしはそのことが知覚されてあることではなく、そうした空間的位置占有や知覚作用を包む「場」であることは何度も指摘してきた。また、この「場」としての存在が自己と世界を接合させつつ包摂するものであることについても説明した。さらに、存在が宇宙と人間個体双方に帰属する「時間の矢」の刻印を帯び、エントロピーの増大に逆らって秩序を自己形成しつつ進化する目的論的な自己組織性をもつことも指摘した。これらのことすべてを合わせて、「存在の場所的性格と自己組織性」と言うのであり、繰り返すが、それは「存在と時空」の別表現なのである。

ところで、「場」とか「場所」という概念は前世期から多くの分野で論じられてきた重要な概念である。(1) そのうち最もポピュラーなのは物理学における「場」の概念であろう。電場や磁場、あるいは重力場という言葉はほとんどの人が知っているし、その内実を理解している人もけっこう多い。場の量子論とか統一場の理論となると、現代物理学にかなり精通した人しか分からないであろうが、とにかく「場」というものが現代物理学において重宝されていることは知る人ぞ知ることである。物理的な究極の実在は物質ではなくて「場」であるというアインシュタインの主張は、現代物理学の共通理解事項となっており、それは物理学に深い関心をもつ哲学者にも強い影響を与えている。

「場」という概念はまた生物学や情報理論や社会学でも重視されている。生物学における「生命場」「形態形成の場」といった概念は、自己組織化現象と連携しつつ、生命の本質に関わるものである。情報理論においても「情報場」という概念が重要な役割を果たしているし、それは社会学におけるコミュニケーション空間や異文化交流の場に関する考察と親身な関係をもっている。

哲学においては古くから「場」ないし「場所」という概念は深く考察されてきた。そしてそれはたいてい存在論の場面においてであった。最も古く、かつ有名なのはプラトンの『ティマイオス』における「場《コーラ》」の概念である。「場《コーラ》」は、感覚される事物を受容しその生成の舞台となり、自然的世界の秩序の基盤を担うものと規定されている。ちなみに、現代のビッグバン宇宙論と同様に、プラトンは時間と空間が宇宙開闢《かいびゃく》とともに生まれたものと考えるが、「場《コーラ》」を宇宙開闢に先立つものとして、空間とは違うものとみなしている。(2) この主張は、存在を「場」として理解し、存在と時空の関係を考察するために大変参考になる。これに自然的世界の秩序の自己形成という点を加味すれば、「存在の場所的性格と自己組織性」という問題へのアプローチの仕方がいよいよ明確となる。ただし、我々はプラトンにおもねることなく、独自にこの問題に取り組まなければならない。

いったい存在が場であるというのはいかなることなのであろうか。また、存在の自己組織性とはどういうことなのであろうか。さらに、存在がその両性格を併せもつということは何を意味するのであろうか。前章までの考察を踏まえて、このことについて考えてみよう。

1　存在と場

普通、存在は「場の中で存在者が存在すること」であるとみなされている。ここで「存在者が存在する」というのは「知覚空間内で物体的対象が位置占有する」ということに等しい。このように、一般に存在は知覚空間内で存在物が「存在する」ということとして理解されている。このことは、その反対の事態、つまり「求めている対象が知覚空間内に見当たらない」ということが、そのまま対象（存在者）が「存在しない」こととして理解されることによって裏づけられる。こうした存在理解は「存在」について深く考えたことのない人たちの暗黙の了解事項となっている。

しかし、存在は本来的には、そのように静止的な対象の位置占有から理解されるべきものではない。存在は、知覚者と知覚空間と知覚対象の三者が置かれた「場」の中での関係的事態であり、それは同時にプロセス的性格も併せもっているのである。ここで注意すべきなのは、存在は空間内の一事態ではなく、空間そのものを構成要素として含む包括的なものだということである。つまり、存在は空間の中に在るのではなく、空間の奥で機能しているものなのである。どのように機能しているかというと、「知覚空間の中で対象が位置占有している」ということを「存在者が存在する」こととして理解させるような仕方で、存在の表層的概念を人間に付与している、ということになる。

しかし、それは奥深い存在の表面的機能にすぎない。つまり、そのような存在概念は本来的な「存在」の影のようなものであり、出来の悪いレプリカにすぎないのである。ところが、言葉の日常的使用に呪縛された我々の思考は、存在をその表層的概念から捉えて自己満足してしまい、いつまでも存在の本来的意味に目を開くことができない。そこで前述のように、言葉による理解を超えて形相（本質）に至るための形相的還元が存在概念に適用されなければならないことになる。直前に述べたことは、まさにそのような「存在概念の形相的還元」に当たるのである。そして、この形相的還元の結果見えてくるのは、存在が場だということである。

「場」は何もない空虚な空間ではない。電場、磁場、重力場といった例からも分かるように、場はエネルギーの布置によって構成されており、その中で諸粒子が特定の物理的性質を帯びて活動するのである。そこには粒子の運動と生成消滅を決定する時間的動力性や空間的相互作用が働いている。このような有効圏域として「場」というものは理解されるべきである。

「粒子が先か場が先か」という視点から考えると、知覚的対象化という観点からの存在理解では粒子が際立ち、モノに対するコトの優位を主張する事《こと》的存在論の観点からすると場が重視される(3)。粒子やモノよりも場やコトを重視する存在理解は、物質や生物が能産的自然によって生かされて生きている、という理解につながる。そして、この「生かされて生きている」ということは、結局「存在せしめられている」ということになる。

「存在せしめられている」というのは、神の創造行為という古い観念を想起させるが、それとは何の関係もない。それは、能産的自然の自己組織化活動によって生み出され、賦活されている、ということとして自然主義的に理解されるべきことなのである。

「存在」は本来的には「存在する」ということではなくて、「存在の場を供給する」という意味での「存在せしめる」である。そして、「存在の場を供給する」ということは、そのまま「存在＝場」であることを意味する。存在論的にナイーヴな観点において存在が「場の中に在ること」として理解されていることは、形相的還元によって乗り越えられ、存在が場であるという観点に到達しなければならない。それは同時に我々各自が能産的自然の自己組織性によって意識を賦活され、それによって自らが「生かされて生きている」という存在意識に目覚めることにつながるのである。また、それは同時に失われた自己と時間の意味を取り戻すことでもある。

さらに、存在と場の関係を理解するためには世界へと関わる身体の空間性について深く考えなければならない。世界という生活の場は情報構造をもっているが、その中で我々は意識を働かせつつ身体的行為を営んでいる。そして、この身体的行為は独特の空間的性質を帯びている。三次元の無機質の空間が在って、その中をただ動き回っているのではない。諸々の事象ないし出来事の複合体として、意味の文脈の組織を自ら形成しつつ秩序を産出している場である「世界」へと、有機的にはまり込む形で能動的に行為しているのである。この「意味の文脈の組織を自ら形成し秩序を産出している」ということは、言うまでもなく自己組織性を意味する。

我々は、能産的自然が形成する生命場としての生活世界の中で時間的に生成しつつ能動的行為空間を自己構築している。それゆえ、我々の存在の意味は、場としての存在そのもの、つまり「存在せしめる」という意味での本来的（ないし根源的）存在のもつ自己組織性を生命個体として分有している、ということから理解されるべきなのである。ちなみに、この「分有する」ということは「株分けしてもらう」というふうにも言い換えられる事態である。

以上のことから、場としての存在は能産的自然の生命的自己組織性を核としており、それが我々各自の世界内存在の時空的性質に反映していることが分かっていただけたと思う。しかし、まだ生命の自己組織性と存在概念の関係の規定は十分なされていない。そこで、次にそのことについて論じることにしよう。

2　生命の自己組織性と存在の概念

存在と生命が深く関係していることは既に指摘した。また、両者が自己組織性という性質を共有している、ということも指摘した。しかし、その共有の仕方の詳細についてはまだ論じていない。そこで、ここで改めて生命の自己組織性と存在概念の関係について詳論しようと思う。

自己組織性は、生命をシステムとして見たときに理解される広い意味での生命の特質である。「広い意味での」とは、生命を生物学的生命体（つまり生物）に限らずに、始まりと終わりをもち、秩序を自ら産出しつつ進化したり衰退したりする「有機体」すべてに帰属させて考える、ということである。有機体（organism）という概念は、もともと非生物にも帰属する生命的性質を表現するために使われていたものである。たとえば、都市や株式会社や学校法人や非営利団体は非生物的生命体であり、生きている。それゆえ自己組織性をもち、進化したり衰退したりする。そして、言うまでもなく始まりと終わりをもつ組織体である。こうした社会的事象だけではなく自然的ないし物理的事象にも非生物的生命特質としての有機体という性格が備わっている。これは自然有機体説としてプラトン、アリストテレス以来、西洋の哲学と科学において伝承されてきた考え方である。

現代のシステム論においては心的システム、社会的システム、物理的システムのすべてに共通する性質として「生命の自己組織性」というものが想定されている。(4) そして、それは「能産的自然の生命的自己組織性」という西洋古来の自然有機体説の理念を現代的に洗練させたものなのである。存在の意味を問うことにとって、このことはどのように関係してくるであろうか。

「存在」が単に知覚者と知覚対象の一対一の関係から「対象の空間内位置占有」として理解されるべきものでは

ないことは繰り返し指摘してきた。自己の存在もまた、単なる三次元の空間として理解された世界の一点を占有することとして定義されるべきものではない。知覚者と知覚対象は、意味の文脈の複合的関係から構成された情報構造としての世界における一局面（ないし一位相）なのであり、それは単なる三次元空間内の点と点の対応関係ではない。つまり、意味の文脈ないし物理的事象の複合的関係の有機的一契機として、世界の情報構造全体を反映する一つの出来事（event）なのである。自己の存在もまた同様に理解されなければならない。

デカルトのように自己を精神実体として捉え、「我思う、ゆえに我在り」と自己確認しても、自己の真の存在の意味に掠《かす》ることもできない。それは対象の空間内位置占有というモノ的存在理解を精神実体としての自己の存在へと無差別に適用しているにすぎないからである。世界内の事象ですらモノ的存在論の観点からその存在の意味を理解できないとするなら、自己の存在に関してはより深いコト的存在論が要求される。つまり、世界内の事象もコト的存在論から捉えられるべきなら、世界へと関わる主体的で能動的な意識的生命体としての自己の存在に関しては、その意識性を顧慮したコト的存在論が必要となるのである。そして、このことに生命の自己組織性というものが関わってくる。

我々は、自己組織化する有機体としての世界の中で生きる意識的生命体である。そして、意識的生命体であるということは、それもまた自己組織性をもつということを意味する。世界も自己もその存在において自己組織性を核としている。しかるに、世界と自己は分離しつつも相互浸透する融合的一体性をなしている。すなわち、「自己を生かしている場としての世界」と「世界へと関わる能動的自己」は、渦動的一体性において一つの巨大な生命の自己組織性の一局面を形成しているのである。これは、能産的自然の中でその自然の子である自己が能動的に生命活動をする、というふうに平易に表現することもできる事態でもある。

「私はなぜ今ここにこういう形で存在しているのだろうか」という自己の実存への問いは、「世界はなぜそもそも存在するのだろうか」という問いと表裏一体の関係にある。この二つの問いにおいて「存在」は、とりあえず「〜がある」という現実存在の意味をもっているが、同時に「なぜ」という問いかけと連携しつつ自然の存在論的目的因と形相因へと関わっている。近代科学が排除した自然の目的因と形相因は、言うまでもなくアリストテレスが立てた存在論的な原因概念である。近代科学が信奉する機械論的自然観においては質料因と始動因しか認められないが、アリストテレス以後脈々と伝承されてきた西洋の自然有機体説と現代のシステム論的自然哲学では目的因と形相因は生命的自然の自己組織性の観点から重視されている。特に現代のシステム論においてその傾向は洗練され、アリストテレス流のルーズな神話的表現は撤廃されている。

自己の存在に関する「なぜ」の問いも世界の存在へのその問いかけも、始まりと終わりをもち、生成・変化・進化(あるいは衰退)し、かつ秩序を自動的に形成する自然の生命的性質、つまり自己組織性への深い関心を背後にもっている。始まりと終わりが想定されている宇宙、刻々と変化して止まない自然、こうしたものの中で我々は自己の始まりと終わりを意識しつつ自己の存在の意味を問うのである。そこには自然の大生命と生命個体としての自己の共鳴がある。

自己と世界の存在はさしあたって「〜がある」という現実存在の意味で捉えられる。しかし深い次元では、世界は生命的自然の自己組織性から発する「場としての存在」なのであり、自己の存在はその場の中で「生かされて生きていること」として捉え返されなければならない。これはまさに生命の自己組織性を存在の概念と結びつけることである。

我々は生きていくことの中で、単に質料因と始動因によって存在するのではなく、自然の生命的自己組織性の特質たる目的因と形相因を分有しつつ(株分けしてもらって)、自分の中に秩序が形成されることを実感する。そこには成長、健康、成功、長寿という陽の側面と同時に障害、病気、挫折、失敗、夭折という陰の側面もある。生命の自己組織性はこれら陰陽両側面を包摂しつつ、存在の場を形成し、その中で我々は自己と世界の存在の意味を意識的生命主体として了解するのである。

3　存在の場所的性格と自己組織性

我々の意識は、普段の認知生活において知覚野を形成し、その野（field）の中から摘出された諸々の対象ないし事象を脳内の内面的表象空間において再構成しつつ、自己と世界の存在の理解に役立てている。この際、知覚野は認知主体と世界との不可分性において形成される。そして、知覚がそもそも野（field）をもつのは、知覚の志向先たる世界が前述の場的性格をもつからである。つまり、知覚のフィールド的性格は世界の場的性格の反映なのである。

既に指摘したように空間は場の下位概念であり、知覚野と表象空間と世界の内部の空間は、根本的には場である世界の一局面として理解されるべきである。認知主体が知覚野を形成しつつ世界に関わるのは、場としての世界からその一局面である空間を切り出して自己の知覚内容へと取り込むことなのである。

我々は意識的生命主体として世界という場の中に存在している。意識（Bewußtsein）が自覚態‐存在（Bewußt-sein）を意味することは既に何度も指摘した。世界という存在の場の中で自覚的意識を働かせつつ主体的に生きていくこと、これが「意識的生命主体である」ということの内実である。

「意識的生命主体である」ということにはまた、時間性と空間性によって賦活される自己組織性が帰属する。世界自体が時間と空間ないし両者の融合体たる時‐空を根本構造とするので、世界内存在としての我々が世界の生命的自己組織性を分有する際に、時間性と空間性を意識的生命主体としての存在様式に合わせて分有することは当然なのである。

存在は世界の上位概念であり、存在の場的性格は世界のそれよりもより深く、包括的である。ただし、世界概念を素通りして存在を「対象が空間内の一つの位置を占有していること」として理解することを避けるために、世界の場的性格から存在の根本的な意味にアプローチすることが肝要なのである。その結果得られるのが存在の場所的性格の概念であることは言うまでもない。

我々は自らの意志によらずこの世に生を受け、いつの間にか意識の原型を獲得し、その後次第に自我を形成し、ある時点から自己と世界の存在理由を問うようになる。その問いに深くのめり込む者と一過性に関わる者に分かれることになるが、どちらの場合にも明確な答えは得られず、何か大きな力によって押し流されつつ、死ぬまでの時間を生きていく。とすると、意識的反省力や能動的主体性は見かけのもので、我々は実は遺伝子や本能によって操られた自然の奴隷なのだ、という感慨が暗雲のように立ち込めてくる。しかし、それは生命の自己組織性の本質を見失った、古来の機械論的自然観とそれに付随する人間機械論の表層的見方を表しているにすぎない。能産的自然の生命的自己組織性は形相因と目的因を携えたものである。そして、世界内の諸事象の複雑な関係性から生まれる創発特性によって、機械的因果性を超える豊かな性質で充満している。そうした能産的自然の子としての我々もまた、人間機械論によって規定されるような因果的定めに服するものではなく、新奇への創造的前進を繰り返す、実り豊かな自己組織性を備えているのである。

このような自己組織性の意味で人間は自由である。しかし、その自由を「好き勝手に生きる」とか「自然を人間の欲望に合わせて意のままに操作する」とかいう意味に取ってはならない。あくまで「自然によって生かされて生きている」という感謝の念を基調としつつ、自然との共存という観点から自らの非機械的創発特性を自覚し、生命の自己組織性としての意志の自由を発揮していかなければならない。その際、他者との共存ということも忘れてはならない。自由は自己の内面で完結するものではなく、他者との社会的相互作用から発する相互主体的（間主観的）

な公共的現象だからである。

社会の中での他者との共存における自己実現としての自由は、能産的自然の中での生命個体の自己組織性の反映である。社会は複数の自己が相互他者として交渉する場であり、コミュニケーション空間を表舞台とする「情報場」という性格をもっている。この情報場としての社会の中で我々は意識と自我を獲得し、意識的生命主体として生きていくのである。

繰り返すが、存在は「存在者が存在する」とか「対象が知覚空間内の位置を占有する」という意味で捉えられてはならない。存在は、そもそもそのような対象化的存在理解の発生を準備する先行的「場」なのである。そして、この存在の場的性格は世界の場的性格にそのまま反映する。さらに、そうした場的性格をもつ世界が、世界内存在としての我々の知覚野の形成に寄与し、意識の内容を豊かなものにするのである。その際、社会的コミュニケーション空間を表舞台とする「情報場」が脳内の神経的情報システムを介して個人の意識に働きかけ、生き方の選択を左右し、自由な自己実現を促すことになる。この過程は、全体としてみると、まさに「能産的自然の生命的自己組織性」とそれによって生かされて生きている「我々の意識的生命の自己組織性」の相互浸透的対応関係となっている。

存在の場所的性格と自己組織性の関係は、以上に述べたことに照らして理解されるべきである。

注

（1）「場」と「場所」は若干意味の相違があるが、ここではほぼ同一の概念として取り扱う。使い分けは文脈と語呂合わせによる。たとえば「生」と「生命」がそうされるように。

（2）プラトン『ティマイオス』（『プラトン全集』12、種山恭子訳、岩波書店、一九八七年）を参照。

(3) モノ的存在観とコト的存在観の相違については、廣松渉『事的世界観への前哨』ちくま学芸文庫、二〇〇七年、『存在と意味——事的世界観の定礎——』岩波書店、一九九八年を参照。また『世界の共同主観的存在構造』講談社学術文庫、二〇〇三年でも優れた存在論的考察が展開されている。

(4) たとえば、E・ヤンツ『自己組織化する宇宙——自然・生命・社会の創発的パラダイム——』芹沢高志・内田美恵訳、工作舎、二〇〇一年を参照。

第Ⅱ部　時間と空間

第5章　自己存在の時間的ならびに空間的意味

はじめに

時間と空間への問いかけは古来、哲学と物理学を中心として多方面からなされてきた。その問いかけは「外的自然界や社会環境における時間と空間の研究」と「内的意識や自己存在の時間性と空間性の探究」というふうに大きく二つに分けられる。この二つの方向は全く分離したものではなく、重なる部分もあり、深い哲学思想は両者を統合しつつ時間と空間の根源的意味を解明しようとする。

筆者もその姿勢に倣《なら》おうとは思うが、やはり自己存在の時間的ならびに空間的意味への関心は並々ならぬものがあり、それを深く追求しないではいられない。もちろん、物理学や生物学における時間と空間の研究は参照するが、意識的生命体としての自己の存在の時間性と空間性への問いが優位に立つのである。自然科学的時空論は「人間と自然の関係」ならびに「生命の自己組織性」の観点から考察に取り入れることにしたい。

自己存在の時間的ならびに空間的意味の考察は、人生の意味への問いと深く関係している。我々は発達の過程ないし人生行路の中で意識と自我を獲得し、「私はなぜ今ここに存在しているのだろうか」と問うようになる。あるいはそうした問題に関心をもち始める。その際、自己存在が始まりと終わりをもつことに深く心が動かされる。「なぜ生命あるものは必ず死ぬのだろうか」「死ぬ定めなら、何のために生きているのだろうか」「そもそも生命とは何であり、死が不可避なのは生命の本質に属することなのだろうか」……といった問いが続々と頭をもたげてくる。まさに生死の問題が自己存在の存否に関わる仕方で意識を根底から揺さぶるのである。

自己存在の時間性は、自己の誕生と死の間における生命の意識によってその本質が形成されている。自己の誕生は、個体発生的には両親からの遺伝情報の伝承であり、系統発生的には生物進化を背景とする生命の大いなる連鎖の継承である。これは、生命の歴史の個体的ならびに生物種的継承であり、深い意味での生命の時間性によって規定されている。誕生から死の間における各個人の時間意識は、死を意識しつつ日常生活を送る「私」の個別的なものであるとともに、生命の大いなる連鎖への潜在的な帰属意識から発する普遍的なものでもある。つまり、人間個体の生命的時間意識は個別性と普遍性の両義性から成り立っているのである。そして、このことに自己存在の空間性が関わってくる。

「私」個人が、生死の問題に関連して自己の存在に思いを馳せるとき、時間性はさしあたって自己の内面に幽閉され、他者や他者と出会う世界への脱自的延び広がりが抑制されている。しかし、生命の大いなる連鎖の中に自己の存在を位置づけ、その意味を普遍性の次元で自覚するなら、内面性の殻は打ち破られ、自己の生命意識の時間性は他者と世界へと脱自的に延び広がる空間性を獲得するのである。これを縦軸と横軸という座標空間的比喩で言い表すと、「私」個人の誕生と死の二点を直線で結ぶ縦軸への関心から理解される生命の時間性に、自己と他者ないし自己と世界という横軸の要素、つまり脱自的空間性を加味する、ということである。自己の存在の意味は、このことを顧慮して時間性と空間性の両面から理解されなければならない。さらには両者を融合・統一して、普遍的生命の根底から自己存在の意味を明らかにしなければならない。

我々は常に自己の存在に関心を寄せ、生死の問題に絡めて生命の意味を問う傾向をもっている。ここでは自己と存在と生命が意識の働きを介して相互関係している。そして、その相互関係を統合の方向に推し進めるのが、時間性と空間性を統合しつつ自己存在の意味を考える姿勢なのである。

以上のことを顧慮して自己存在の時間的ならびに空間的意味について考えてみよう。

1 時間と時間性

自己存在の時間性について論じる前に、まず時間と時間性の区別について説明しておこう。

普通、時間というと時計で測られる客観的で公共的で量的なものを意味する。その場合、測定という要素が核となり、時間はそれを測る者の感覚や意識から分離された客観的な物理量となる。時間はもともと物体の運動の観測に即して得られた過程的な物理量だったのである。時間を初めて体系的 - 科学的に論じたのは古代ギリシアの哲学者アリストテレスである。彼は『自然学』において時間を「以前と以後という観点から見られた運動の数的性格」と定義した。(1) 自然学とは現代で言えば物理学であり、彼の時間概念は基本的に物理学的なものであった。しかし、彼は「心（psyche）が存在しない限り、時間は存在しないであろう」と慎重に付け加えている。(2) つまり、時間を測定する知覚者がいない限り、時間は存在しない、というわけである。これは、時間が観測者の主観に依存する相対的現象だと主張した二〇世紀の物理学者アインシュタインの相対性理論において再び花開いた主張である。

どうやら日常的に固定観念化した「時間」は物理学の究極が理解する時間とは違うようである。もちろん、多くの人が時間という現象の奥深さに薄々気づいており、時計で測られる客観的 - 量的時間と主観的に体験される質的時間の違いを感じている。しかし、それを明確に概念化できないのである。このことがまさに時間と時間性の区別を知らない、ということなのである。また、時間の奥深さに興味をもつ物理学者をはじめとする科学者たちも、時間と時間性の明確な概念的区別と両者の関係について洗練された理解に至っていない。そうした理解に至るためには哲学が必要なのである。この場合の哲学は、時間論に特化したものと科学基礎論と存在論を指す。ちなみに心理学的時間論も重要だが、物理学的時間論への対話のためにはやはり哲学が必要となる。生物学的時間論は生命の時間哲学との関係において重要だが、それについてはまた後で触れることにしよう。

とにかく、時間と時間性の区別ならびに両者の関係を哲学的に押さえておかなければならない。時間が物体の運動に即して観測される客観的な物理量だとするなら、時間性は意識的生命主体が感じる時間の感覚的質なのである。こういうふうに言うと、時間が客観的なものなのに対して時間性は単なる主観的な現象だと思う人が多いであろうが、事態はそれほど単純ではない。古代のアリストテレスが既に気づいていたように、物理的時間自体が観測主観の知覚に依存し、純粋に客観的な量的現象とは言えないのである。もちろん、客観的な量という性質を強調し特化することはできるが、常に意識的生命主体が感じる時間性への関与から切り離せないこともまたたしかである。

以上のことから言えるのは、とりあえず「時間」が測定という観点から見られた量的なものであるのに対して、「時間性」は時間を知覚しその意味に関心を寄せる意識的生命主体が感得する質的性格だ、ということである。過去・現在・未来という三つの時制も、この区別に即して時間と時間性では意味合いが違ってくる。「時間」においては過去・現在・未来は計測される時間の直線的経過の中で、現在を基点として以前と以後という観点から過去と未来が捉えられる。それに対して「時間性」においては、三つの時制は時間を感じる自己の人生行路という過程、ならびに世界内存在という実存様態から、現在の意識を要《かなめ》として統合的に捉えられる。つまり、時間という観点では過去・現在・未来が時間の経過の中で客観化されて捉えられるのに対して、時間性という観点においてはその三つの時制が自己意識の働きを介して自己の存在の意味に関わる、のっぴきならない構成契機として了解されるのである。ハイデガーが言う「死への先駆的決意による既在性（過去の自己）の取戻し」、プルーストにおける「失われた時を求めて」という願望と「見出された時」という解決の呼応、これらはまさにこうした自己存在の意味に関わるものである。

2　自己存在の時間性

自己の存在の意味について考える際、時間と区別された時間性が重要な役割を果たす。人間的自己は意識的生命主体という性格をもつものであり、各人が自己の存在の意味を問うとき、意識の働きを介して同時に生命の意味が問われることになる。しかも、その問いかけは自らの生命を賭けた主体的なもの、つまり実存的なものである。だから、自己存在の意味を形成する時間性においては生死の問題、特に死の意識が重要な契機となるのである。もちろん、それだけではない。これまで自分が生きてきたことの中で「十分達成できたもの」と「後悔が残るもの」に対する現在の意識も重要である。さらに、この過去の履歴を引きずった現在の意識が、未来に対してどのような姿勢で臨むかも重要である。未来というのは一般的表現だが、自己存在の意味に関わる時間性の観点からは「将来」ないし「到来」と言った方が厳密である。要するに、これまでの生の履歴が将来への関わりにおいて現在の意識に深く食い込んでくるのである。プルーストが『失われた時を求めて』という大作を自己の生命を賭けて書き、「見出された時」という章でその大作を締め括ったのは、まさにこうした自己存在の時間性の表出であり、その芸術的昇華である。

我々は、自己の存在の意味を問うとき、自らが死すべき定めにあることに意識を揺さぶられ、単なる快楽主義的人生観を超えて、生命の意味を深く考えるようになる。その場合、さしあたって孤立した自己が関心の的となるが、次第に「他者と共に在る自己」という観点が顧慮され始め、生命の意識が脱自的に拡張していく。その拡張先は、まずは他者であり、次に環境世界であり、最後には生命の大いなる連鎖となる。この「生命の大いなる連鎖」については前にも触れたが、基本的に地球上での生命の発生とその後の生物進化の歴史全体を指している。この地球に生命が誕生したのが約三八億年前とされているが、その後現在までの生命の連鎖と進化を我々人類は受け継いでいるのであり、それは我々の生命意識に先天的に刻印されているのである。それゆえ、一見自己の内部で閉じているように思われる各人の生命意識は、実は無意識裡に生命の大いなる連鎖から強い影響を受けているのである。

このように自己の内面→他者→環境世界→生命の大いなる連鎖というふうに拡張していく生命の意識は、自己存在の時間性にそのまま反映する。つまり、「過去の履歴」を「到来する事柄への準備様態」において「現在の意識」によって受け入れる自己存在の時間性は、自己単独の在り方に関する内面的意識にとどまるものではなく、生命の大いなる連鎖に無意識裡に裏打ちされた脱自的なものなのである。この考え方は、現存在の時間性を基盤として存在そのものの意味を超越論的存在論の立場から解明しようとした前期のハイデガーからたしかに影響を受けているが、小我を超えて大我に至れという大乗仏教の思想とも親近性をもち、さらにはプラトンからホワイトヘッドに至る宇宙有機体説とも深く関係している。

「自己」は、さしあたって「〈私〉という意識」つまり自己意識によって捉えられるが、この自覚の背景には他者を含む環境世界からの見えざるフィードバックがある。つまり、内面的な主観性によって捉えられる自己は、純粋にその内面性から発生する観念ではなく、外部世界からの自己集約として結晶化する生命意識なのである。ここでなぜ「生命意識」と言うかというと、この世界内存在としての自己が地球上での生命進化の全歴史、つまり生命の大いなる連鎖を受け継いでいるからである。さらに、地球上での生命の進化史には宇宙の物質進化の歴史が先行している。それゆえ、人間各自の自己ないし自我は、宇宙の物質進化と地球上での生命進化の上に成り立っているのである。各人が自己の存在の意味を考えるとき、こうした進化の歴史を無視しない方がよい。しかし、多くの人は自分個人のこれまでの人生行路と体験の歴史を振り返って自己の存在の意味を考えがちである。これが、いわゆる通俗的な人生論であり、その内容は文学的なものにとどまってしまう。またその場合、生死の問題に強い関心が寄せられるが、やはり精神主義的な観点が支配的となり、宇宙の物質進化と生物進化という自然科学的視点は排除されがちとなる。また、心身関係に興味をもっても、生理学や脳科学の知見を取り入れることができない。これでは、自然の大生命と生命の大いなる連鎖を基盤として創発する「自己」の本性（nature＝自然）を捉えることなどとうていできない。

自己の存在の意味を形成する時間性は、自然の大生命と生命の大いなる連鎖を基盤とする「生命意識」によって捉えられる「時間の質」なのである。それゆえ、自己の時間性を生死の問題に関係づけたとしても、「私」独りの存在ないし人生の意味に関わるものとして捉えられるだけではなく、自然全体の中での生命の意味が顧慮されるのである。その観点は主観的ではなく公共的である。より厳密に言うと、自己の存在の意味を考える姿勢が主体的ではあるが、単なる主観的観念形成とは違って、公共性と自然的実在性を顧慮したものとなっているのである。

デューイは『民主主義と教育』の第一章を「生命（life）に必要なものとしての教育」と題し、その冒頭で「伝達による生命の更新」について述べている。そこで彼は、生活（life）が環境への働きかけを通して自己を更新していく過程であることを強調しつつ、次のように主張している。

すべての高等な生物は、この過程を際限なく続けていくことはできない。それらはやがて倒れ、死ぬ。生物は際限なく自己更新をしていく力をもってはいないのである。しかし生命過程の連続は、ある一個の個体の生存を延長することによるのではない。別個の生命体を生み出す生殖作用が連続して次から次へと続いていくのである。また、地質学上の記録が物語るように、個体ばかりでなく、種もまた死滅するけれども、生命過程はますます複雑な形態へと発達しながら連続する。ある種が死滅していくと、それらが克服しようとしてもできなかった障害であったものをかえって利用するのにもっと適した生物が発生する。生命の連続とは、生物体の必要に環境を絶えず再適合させていく過程を意味するのである(3)。

デューイはまさに筆者の言う「生命の大いなる連鎖」について語っている。そして、個体の死に執着しないで、それを乗り越える全体としての生命の連続に着目せよ、と促している。たしかに「かけがえのない唯一無二の〈私〉」である自己の死は切実であり、それを思うと胸がかきむしられるが、一つの個体の死は次の個体の誕生ないし生存によって贖《あがな》われ、全体としての生命は存続していくのである。しかし、この生命の連鎖は主観性に支配された精神主義的生命観のもち主の視野には入ってこない。そこで、そうした人たちは「私」の死を霊魂の不滅、つまり「私」個人の死後の存続によって代償しようとする。自己存在の時間性の本来的意味を捉えようとする際、こうした傾向が弊害をもたらさずにはない。自己の存在の意味を形成する時間性は、生命の大いなる連鎖から個人の生命意識に反照してくる「生命過程（life process）」に即して理解されるべきものなのである。

私は現生人類（homo sapiens sapiens）という生物種の一員であり、生物進化の長い歴史の果てに生まれた者として、生命の大いなる連鎖を受け継いでいる。私はいつか必ず死ぬし、私個人の死後の存続は絶対ありえない。しかし、次の諸々の生命個体が同じ過程を繰り返し、全体としての生命は存続していくのである。また、私は社会の一員であり、私だけの生命を保全しようとしていてはだめで、他者の生命にも気を配り、社会ないし共同体全体の生命の維持に貢献しなければならない。

結局、自己の存在は全体としての生命の歴史に根差した過程的性格をもっており、自己の人生行路に焦点が当てられると、前述の自己存在の時間性が意識化されるのである。ただし、自己存在は時間性のみによってではなく空間性によっても構成されている。これは、社会の一員として他者とコミュニケーションしながら環境世界という空間の中で生活する「自己」にとって当然のことである。そこで、次にその空間性について考えてみよう。

3　空間と空間性

時間と時間性の区別があるように、空間と空間性も一応区別して考えるべきである。

一般に空間と言うと三次元の物理的空間のことを指す。物理的空間とは物理的事象がその中で生起する空っぽの容器のような場所である。それは縦、横、高さをメジャーで客観的に測定できる量的なものである。ただし、空間は決まりきった場所と範囲を指すものではなく、そのつどの局面において様々な範囲と様相を示す。無限大の宇宙空間から都市空間、繁華街の一空間、教室という空間、自宅の居間という空間、というふうにその範囲は大小様々であり、それを想像したり実際に知覚したりする者に色々な印象を与える。この「印象」という要素が空間の質、つまり空間性に関わる最初の契機である。

我々は右に述べた量的な物理的空間の中で生きて活動しているが、その活動の目的や様態に応じて物理的空間の一部が切り出され、一つの活動範囲として意識されるようになる。たとえば、プロ野球の試合の最中、両軍の選手と観客にとって野球場という空間が一つの範囲として世界から切り出されており、それは特別の意味をもっている。受験生にとっては試験会場が、結婚式に臨む新郎・新婦にとっては結婚式場が、手術に臨む外科医にとっては手術室が、そうである。これを敷延していくと、我々各人の人生行路におけるそのつどの局面での空間の切り出しとその質の感得ということが見えてくる。

我々は基本的に物理的空間の中で活動する「物」である。そこで、ある人を観察室に入れて、その状態を監視カメラで観察していると、高さ一七〇cm、幅五〇cmほどの物体がその五〇倍の容積の観察室という空間の中を動き回っていることが確認される。これは人間の生命性や意識を全く捨象した無機質の量的な見方である。つまり、ここで焦点が当てられているのは空間と物体の物理的関係であり、空間の質と意識的生命体との関係は無視されている。空間と空間性の区別を理解したいなら、我々は単なる量的な見方を離れて、空間の質とそれを感得する主体の意識的生命性の関係に着目しなければならない。

観察室の中に入れられた人の場合ですら、物理的空間とその中を動き回る一物体という見方が極めて限定的なものだとするなら、実際の生活場面で人生行路の履歴を背負いつつ意識的行為を営んでいる人の場合、その行為が関わる空間は質に満ちた有機的なものとなる。それは、物理的-量的でありつつも、意識的生命主体としての人間の世界内居住様式の目的性を反映した質的な空間の性格、つまり「空間性」なのである。ちなみに、ここで注意すべきなのは、空間性は物理的要素や量的側面を全く含まないものではなく、それらを含みつつも世界内存在としての自己の意識的行為に関わる質がメインとなる、ということである。すなわち、空間性は「物理的と意識的」ならびに「量的と質的」の両義性から成っているのである。たしかに意識的で質的な側面が核となってはいるが。

4 自己存在の空間性

それでは、このような空間性は自己の存在にどのように関わるのであろうか。ハイデガーとメルロ＝ポンティが強調するように自己は基本的に世界内存在として捉えられるべきである。世界内存在とは、単に物理的な空間としての世界の中に物体としての自己がある、ということを意味しない。世界内存在とは、諸々の事象や出来事が複雑に交錯しつつ意味の文脈を形成している一種の「情報場」としての「世界」に意識的生命主体としての自己が居住している、ということを意味する。(4) ここで自己と世界は、主観と客観のように対立したものではなく、相互にフィードバック・フィードフォワードする関係にあり、両者は相互に浸透し合っている。自己の意識内容は常に世界の情報的内容を反映しているし、世界の内容把握は自己の意識状態に応じてそのつど変化する。

「自己が世界内存在である」ということは、それが「環境の中で生きる有機体である」というふうに言い換えられる。プラグマティストたち、とりわけデューイとミードはこのことを強調した。環境は社会的側面と自然的側面をもっているが、自己もまた社会的存在でありかつ自然的存在である。我々は、社会的環境の中で他者と交渉しつつ自己を育むのであり、自然的環境の中で諸々の自然の出来事に関わりつつ生態系の一員としての生命的自己の本質を発揮していくのである。これに応じて自己存在の空間性は二様の意味合いをもつことになる。

まず、社会的環境における自己は常に他者との関係ないし相互作用の中に置かれており、自己存在の空間性は対人関係的なものとして捉えられる。私は自己を監視する意識によって常に自己の活動領域を環境世界の中に張り渡しつつ生活している。他方、他者も自己意識の働きを駆使しつつ同様のことをしている。さらに、私とあなた(ないし私と彼)は、お互いの領域に配慮しつつ対人的距離を維持し、日常の相互交渉に臨んでいる。この対人的距離感は社会的存在としての自己の意識から生まれる質的空間性に属するものだが、実際の物理的距離にも影響を与えることは言うまでもない。とにかく、我々各人の自己は、他者との関係において自己を意識しつつ、対人的距離感によって構成される空間性を生きているのである。

次に、自然的環境の中で生きる自己の空間性についてだが、これには身体性が深く関わってくる。ちなみに、直前に述べた対人的空間性にもこの身体性は深く関わっている。空間性と身体性の関係については後で詳しく論じることにして、ここでは生態的存在としての自己の空間性について述べておこう。

我々人間は基本的に群れをなして生態的環境の中で活動する社会的生物である。これは他の社会性生物と同様だが、反省的自己意識と他我認識において卓越しているので、高度のコミュニケーション能力による共同体形成と社会生活が可能となっている。つまり、人間を取り囲む生態的環境は、各自の意識的自己が相互に「自-他関係」となる「コミュニケーション空間」なのである。我々各自は意識の機能を駆使して、このコミュニケーション空間の中で他者との関係性における「自己」を認識するである。そこで、自己存在の空間性は必然的にこのコミュニケーション空間の性質を反映したものとなる。あるいは、その性質を分有するのである。

野生の動物にはそれぞれの個体、あるいは群れのテリトリーというものがあり、個体Aと個体Bはそれぞれのテリトリーを動物的意識において了解し、相手のテリトリーにみだりに侵入しないようにしている。群れXと群れYの場合も同様だが、この場合、集団的な動物的意識が現れ、自己組織化的に相互のテリトリーが守られることになる。ちなみに、我々人間が成人となり社会に出て自己実現していこうとする際にも同様の事態に見舞われる。自己実現は常に他者との関係において社会的コミュニケーション空間の中でなされるものだが、そこには各人の役割分担と活動領域というものがあり、各自がそれを承認し合って相互に交渉しなければならない。承認し合える場合はよいが、闘争に及ぶこともある。自己と他者は仲間であるとともに敵でもあり、協力し合うとともに敵対することもあるのだ。これは各自の「自己実現的空間性」の衝突であり、相互浸透である。いずれの場合にも、それはより包括的な生態的空間においてなされることになる。生態的空間ないし社会的コミュニケーション空間は、各自の自己実現の空間性のインフラとなっているのである。これは、我々各自が生まれ育った環境が各自の自己の意識と在り方に反映する、ということと同様である。

我々各自の自己は自らの生まれ故郷の風土と歴史を背に負っており、それは一生ついて回る。これは自己の精神の土着性を表している。「故郷」とみなされるものには範囲があり、誕生から高校卒業時まで住んでいた市町村、その市町村が帰属する都道府県、東北・関東・北陸・九州などの地方を示す圏域、さらには日本という国（祖国）、というふうに広がっていく。宇宙に出たら地球が故郷だということになるが、それは遠い未来のことなので、今は顧慮しない。とにかく、故郷というものは精神の土着性を表しており、この土着性ということが、世界内存在ないし社会内存在としての自己の空間性の一翼をなしているのである。

世界内存在という概念は「居住性」を含意しており、故郷の風土に根差した自己の空間性と深く関係している。故郷の風土は、気候と地勢という自然的要素、ならびに社会環境によって構成されているが、これらが融合して居住性を基調とする自己の土着的空間性を生み出すのである。こうした土着的空間性は何も人間に特有のものではなく、あらゆる生物に見られるものである。動物にはもちろん植物にもそれがあることは、その生態を想い起してみれば、すぐに分かるであろう。

我々は、生態系の中で自己を育み、その本来性を実現しようとする。「あるべき自己とは、真の自己とは、何なのか」と思い悩み、努力し、挫折し、成長し、衰退し、最後には死に至るのである。この過程において「真の自己とは何か」を悟り、「自分は何を目指して生きるべきなのか」あるいは「私は何のために生きているか」という問いの明確な答えを得る者は稀である。ほとんど人が、わけの分からないことで悩んでいるうちに老いぼれてしまい、自己の存在の本当の意味を知らないままに死んでいく。

なぜであろうか。おそらく、これは自己の存在の意味を時間という縦軸の方向で考えすぎたからであろう。空間という横軸ないし三次元的広がりを顧慮すべきだったのである。前に述べた「生命の大いなる連鎖」は単なる時間的数珠つなぎではなく、生態系の空間性を携えたものである。自己の存在の意味や人生の意味を理解したいなら、誕生し死に向かう個人の時間性だけではなく、他者と社会という横軸、さらには生態的空間性そのものへと脱自しなければならない。生命の大いなる連鎖は「生命の歴史」と「生態的空間性」の融合から成り立っているのであり、人間各自の自己の存在はこの時空融合的な「生命の大河」に根差したものとして、独特の時間性と空間性をもっているのである。

5　時間・空間・自己

筆者はかつて「時間・空間・自己」という論文を書いたことがある。一九九四年に執筆し、その二年後に大学の紀要に掲載され、さらにその三年後に最初の著書『時間・空間・身体』の一つの章となったものだが、副題が「ハイデガーの自己論」となっている。(5) その論文で筆者は、ハイデガーによる自己存在の時間性の分析を高く評しつつも、空間性の分析が不十分であることを指摘した。その際、和辻哲郎とビンスワンガーの意見を参照した。この二人はともにハイデガーの時間性への偏りを批判し、空間性の重要性を説いていたのだ。この二人はまた、ハイデガーが自己存在と共同存在の関係を重視しながらもそれについて十分考察していないことを指摘し、社会性と愛による共同体形成の必要性を説いた。(6) これは結局、時間性に固執した自己存在の理解に空間性を加味し、時空融合的な自己存在の理解を目指す姿勢を意味する。

和辻とビンスワンガーの思想はたしかに倫理的に立派である。しかし、この二人の思想は偏屈と言われるハイデガーのそれほどインパクトがなく、影響力も後者にはとうてい及ばない。たしかに参考にはなるが、何か優等生的でアクがなく、触発されないのである。簡単に言うと、分かりきったことを大げさに言っているだけで、肝心の部分はハイデガーの緻密な時間性分析に負っているのである。ハイデガーの『存在と時間』なしには二人の思想は生まれなかったであろうし、哲学史と思想界全体を見渡してもやはり時間の方が空間よりも重視されている。科学の世界に目を移しても同様に時間の方に軍配が上がる。

「存在と時間」と「存在と空間」というテーマを並べてみると、前者の方が直観的に「存在」に関する深い問題が示唆されていることを感づく人が多いであろう。それに、何と言っても「失われた時を求めて」というテーマは心をくすぐる。このテーマこそ自己の存在の真の意味に関するものに思われるのである。このテーマと並行するように『失われた自己を求めて』という本もあるぐらいだし。

「私はなぜこの世に生きているのか」という自己存在への問いは「時間」の深い意味と密接に関係している。「物事の本当の意味は、それが失われたとき初めて分かる」と言われる。それでは、我々各自の存在の意味、つまり「私」の存在の意味は、それが失われたとき、すなわち「私」が死ぬとき初めて分かるのであろうか。しかし、私が死んだとき、死や存在を意識する自己はもういない。それゆえ、私が死んだときではなく、「私が自己の死の可能性に直面し、それを強く意識したとき、自己の存在の意味が意識の中で突出してくる」と言い換えた方がよい。そしてこのとき、時間性が自己の存在の真の意味の理解の基盤として働く。それはまた、「忘れられていた自己存在の真の意味」が「失われた時の取戻し」を介して顕現してくる、ということでもある。我々は、単調に日常生活を送っているうちに自己の存在の意味など考えなくなり、ミヒャエル・エンデが言うように時間泥棒に真の時間を盗まれてしまうのである。しかるに真の時間とは、自己が死すべき者であることを各自に自覚させ、忘却されていた自己存在の本来的意味を想起させてくれるものなのである。しかも、自己存在の本来的意味は、単に内面的実存意識に集約されるものではなく、生命の大いなる連鎖に根差したものとして、生態的環境へと脱自的に関与しつつ自己に還帰する「生態(学)的生命性」によって深く彩られている。ここで自己存在の生態的空間性の意味が再び輝き出る。

アレクサンダーは「時間は空間の心であり、空間は時間の身体である」と述べ、時間と空間の不可分性主張した。[7]これをここでの文脈に当てはめると、時間と空間は夫婦のように協力して自己存在の意味を形成する、ということになる。また、アレクサンダーの思想で意味深長なのは、時空を心身関係に結びつけて理解しようとしていることである。

我々人間は心と身体から成り立つ生命体である。その心と身体が一応区別されつつも一体であることは生命の思想の立場から繰り返し主張されてきたのであり、筆者もそれに与《くみ》している。意識的主観性に偏ると、心が時間とのみ結びついて、身体と生態的空間性が疎《おろそ》かにされる。たとえば、死の可能性に直面して肉体の崩壊後の魂の不死を希求する姿勢は、自己の死の可能性を意識的主観性の狭い枠内に引き入れて、生命の大いなる連鎖に基づいて理解されるべき自己存在の真の意味を忘却している。換言すれば、生態空間的身体性のもつ意味を無視しているのである。

「私」は身体を生きる世界内存在として、誕生と死の間の時間の流れに深く掉《さお》さしつつも、他者と共なる空間性によって生命共同体を形成し、ひいては生命の大いなる連鎖に参与し、それに寄与している。自己存在の真の意味は、魂の不死の観念を放擲《ほうてき》して、生命の大いなる連鎖へと自己を融解したとき、初めて顕現する。それが時間性と空間性の融合の上に自己存在の真の意味を捉えることと並行するのは言うまでもなかろう。

注

(1) アリストテレス『自然学』(『アリストテレス全集』3、出隆他訳、岩波書店、一九八七年)
(2) アリストテレス、前掲書
(3) J・デューイ『民主主義と教育』(上)松野安男訳、岩波文庫、二〇〇四年、一二ページ
(4) これはハイデガーとメルロ＝ポンティの「世界内存在」の概念を筆者が捉え直して表現したものである。

（5）拙著『時間・空間・身体――ハイデガーから現存在分析へ――』醍醐書房、一九九九年を参照。

（6）和辻哲郎『倫理学』（二）、岩波文庫、二〇〇七年、ならびにL. Binswanger, *Grundformen und Erkenntnis Menschlichen Daseins*, Max Niehans, Zürich, 1973を参照。

（7）Cf. S. Alexander, *Space, Time and Deity*, Vol. 2, Macmillan, London, 1920, pp. 38f.

第6章　生命の時間と存在の時間

はじめに

前章では自己存在の時間性について論じたが、ここでは存在と生命の深い関係性から時間の深淵について考察してみたい。この考察は「存在と時間」という存在論の根本問題の解明を見越してなされるものであり、結局は本書が目指す存在概念の彫琢に寄与するであろう。

「存在と時間」という思考の根本課題を取り扱う際に「生命の時間」と「存在の時間」の関係を問うことは、いかなる意味をもつだろうか。死生観、特に死の意識が、意識的生命主体としての「自己」の時間性に深く関与することについては既に述べた。しかし、それでは単に実存的時間性を扱ったにすぎない。問題は生命論と存在論の関係なのであって、この関係を顧慮して時間の本質を解明することなのである。

我々はいかなるときに生命と存在の関係について考えるだろうか。「生きている」ということはたしかにそのまま「存在していること」なのだが、我々人間各自の存在は石や水のように意識的自己関与を欠く即自的存在ではなく、意識の働きを介して自己に関与する対自的存在である。人間における生命と存在の関係は、この即自的存在と対自的存在の差異を顧慮して理解されるべきである。

我々各自は「なぜ私は生きているのだろうか」と生命の目的因に関心をもつ。また同時に「なぜ世界はそもそも存在しているのだろうか」と自己の存在を超えて在りとし在るもの、つまり存在全般の目的因にも関心をもつ。個別的自己の生命と存在全般への問いは表裏一体の関係にあるのだ。ただし、個別的自己の人生の意味に関心が限定されると、「存在と時間」という問題が実存的時間性への問いに縮減されてしまう。ハイデガーの未完に終わった『存在と時間』が、もっぱら人間存在の時間性を取り扱った書に思われがちなのもそのためである。ハイデガーの本意は、人間存在の時間性を超えて存在一般の意味を問うことにあったのだ。

筆者はたしかにハイデガーの影響を受けているが、それは触発されたという意味であって、彼に追従しようとは思っていない。むしろ、新たに時間論と存在論の地平を切り開こうとしているのである。そのためには人間各自において「生きていること」の自覚的意識がどのように「存在」の理解に関与するかを解明し、そこから「存在と時間」という根本問題に侵入していかなければならない。それは人生論や死生観における時間の理解を超えて存在論的時間概念に至る道なのだが、人生論や死生観を全く無視するものではない。失われた時を求める心や真の自己を実現しようとする意識はあくまで重要な契機なのである。ここら辺のことは頑なな態度を捨てて柔軟な姿勢で取り扱いたい。死生観と存在論はたしかに次元が異なるものではあるが、全く無関係というわけではない。むしろ「時間」という奥深い現象を介して両者は深い次元でつながっているのである。

以上のことを顧慮して「生命の時間」と「存在の時間」の関係について考察してみよう。

1　生命の時間

「生命の時間」という言葉を聞いて、我々は何を思い浮かべるであろうか。さしあたって「生命のもち時間」といったものであろうか。つまり「私は後何年生きられるか」ということへの関心である。さらには「各種の生物はそれぞれどれぐらいの寿命なのか」というふうに、生物一般の生命のもち時間のことも連想されるであろう。

要するに「生命の時間」ということで人々が一般に連想するのは、生命をもった存在者（つまり生物）の誕生から死までの「間」の時間なのである。しかし、ほとんどの生物は「自分が何年生きられるか」ということを意識しないまま本能的に生きて死んでいく。たしかに死の危機や自らの生命力が衰えていることの本能的感覚はあるだろうが、明確な死の意識や寿命への関心はない。高度の反省的自己意識をもった生物たる人間だけが明確な自己の死の意識をもち、自分の寿命について思いをめぐらせるのである。また、人間は自己の死や寿命だけではなく他者の死や寿命にも積極的な関心をもち、さらには生物全般の生命のもち時間にまで視野を広げる。そして、哲学的な深い思索を好む人々は生物全般の「生命のもち時間」への関心から、「そもそも生命の時間とは何なのか」と問うようになる。

以上のように「生命の時間」というものは死生観や人生論と密接に関係している。しかし、それだけではない。それは生物学的時間概念とも関係しているのだ。生物学的時間概念の重要な要素としては、生物の覚醒・睡眠のサイクルを約一日単位で調律しているサーカディアンリズム（概日リズム）、生物のサイズによる時間感覚の相違など、体内時計と生体リズムの関係を表すものが真っ先に挙げられる。ちなみに、生体リズムは一日単位から一ヶ月単位、さらには季節性へと拡張して考えることができる。こうした生体リズムは周期的な生物現象ないし生命現象を引き起こし、それは体調の変化や生命活動の調子として表れてくる。特に自覚的意識をもつ人間の場合、精神性にも影響を及ぼす生命感覚ないし生命感情として表れてくる。

このように生物学的時間は基本的に生理的なものでありつつも心理にも強い影響を与えてくる。生物学的時間と「生命の時間」の関係を考える際には、単なる生理学的次元を超えて心理的次元、特に実存的心理の次元へと思考を深めなければならない。つまり、世界の中で自己の存在の意味を問う人間の自覚的意識を介入させて、生命の時間について考えなければならないのである。

前に「時間の矢」と「生命の矢」の関係について述べたが、この関係は「生命の時間」がもつ存在論的意味を考える上で非常に重要である。自覚的意識に反映される生命の時間は不可逆の進行性を我々に突きつけてくる。生物はすべて、生まれたら死へと向かう時間の不可逆の矢を生き抜かなければならないのである。特に人間の場合、自己の生命と存在に関する自覚的で反省的な意識が強いので、自己が生きている時間の矢の存在論的感覚は切実なものとなる。それは「のっぴきならない」という表現が適切なものである。

よく、「時間が流れる」という感覚は幻想であり、それは物理学的には実在するとは言い難い、と主張される。これは実在ないし存在というものを生命性のない機械的物理体系から理解する人々が主張することであり、彼らは存在の生命性を理解してない。「時間が流れる」という感覚は、存在の生命性が人間の実存的（ないし存在論的）意識に反映して生じたものなのである。意識が流れることに呼応するように時間が流れるように感じるのはそのためである。意識の流れも時間の流れも否定する輩は、実在を狭量な機械論的立場から受け取っているように思われる。それに対して、意識の流れと時間の流れの生命的共鳴を豊かな感受性によって理解する者は、前に述べた有機的自然観と存在の自己組織性の相即性、ならびにそれが人間の存在意識に反映することを身体《からだ》で知っているのである。そして、この身体的知の根底には、時間と生命が一体となって矢のように不可逆に前進する、という事態が控えている。

「人生は一回限りであり、その行路は後戻りできない」とよく言われる。これは一般に流布した素朴な人生観的思念であるが、その根底には存在が根本的に時間的である、という存在論的原事実が横たわっている。中世日本の思想家・道元は「有はみな時なり」と主張した。つまり、存在は根本的に時間的であり、端的に言えば存在は時間そのものだ、ということである。それはまた、すべての存在者が時間によって存在せしめられている、ということを示唆している。そして、この存在原理としての時間それ自体は過ぎ去るものではなく、常に存在者に附帯して、それを存在せしめているものなのである。

この思想は一見、時間の流れを否定する「永遠の現在」に傾斜しているものに思われるが、いわゆる無時間的永遠の概念は生成の観念を否定し、結局は存在と時間の深い結びつきに関与しないので、それとは別系列のものとみなされる。道元はよくハイデガーと比較され、思想の類縁性が主張されるが、むしろ時間と空間を実在の根本原理とみなしたアレクサンダー、ならびに彼の強い影響下に過程がそのまま実在だと主張したホワイトヘッドと直接類縁性をもっているように思われる。もちろん、ハイデガーとの関係は重要であるが、それに着目してばかりいては東西の思想的共鳴の理解の視野が狭まってしまう。また、「生命の時間」と「存在の時間」の深い次元での結びつきを捉える眼差しも曇ってしまう。人生観ないし死生観、生物学的時間概念、実存的意識、自然観、存在論の基礎、物理学的世界像。こういったものすべてを顧慮して「生命の時間」と「存在の時間」の関係を理解しようとするなら、道元の言葉に触発されつつ、ハイデガーとアレクサンダーとホワイトヘッドから学ぶことが有益だと思われる。もちろん「時間の矢」と「生命の矢」の一体性を主張する生命論的な物理学者の思想も加味しつつ。

2　存在と生成の関係から生命の時間を理解する

生命の時間と存在の時間の関係を理解する際に西洋の伝統的存在論における存在と生成の関係把握を応用することは大変有益だと思われる。つまり、生命の時間のもつ存在論的意味を理解するためには、生命が生成的存在であることを把握しなければならないのだから、存在と生成の関係を生命論的に再把握することが肝要だと思われるのである。

存在と生成の関係は古代ギリシアにおける哲学の黎明期から関心の的となっていた。代表的なのはパルメニデスとヘラクレイトスの思想的対立である。パルメニデスは存在を不生不滅の実在と考え、運動と変化と生成を見せかけの現象とみなした。つまり、存在は永遠の現在にとどまり、時間や生成とは無関係のものだ、というわけである。それに対してヘラクレイトスは、万物は生々流転を繰り返し同じところに決してとどまらない時間的で生成的な存在である、と主張した。この二人の思想的対立はそのまま存在と生成の概念的な二元対立を表している。

存在と生成をこのように矛盾対当の関係において捉える思考姿勢は、古代ギリシアから現代に至るまで西洋の思想界で受け継がれてきた。しかし、この対立的把握を生命的自然主義の立場から乗り越えようとする哲学者も多数いた。代表的なのは古代ギリシア哲学の集大成者アリストテレスである。彼はそれまでのギリシア哲学における自然観と存在論の歴史を整理して自ら壮大な存在論の体系を構築した。それは形相-質料、可能態-現実態という対概念を駆使して、存在と生成の概念的対立を目的論的（ないし有機的）自然観によって止揚しつつ、生命的世界の根本原理となる存在の根本的意味を探求するものであった。

ちなみに彼は生物学の創始者でもあり、常に生命現象を顧慮しつつ存在の意味を考えていた。彼は、胚から成体に成長し死に至る生物（生命個体）の質料に内在する形相をモデルとして、純粋形相としての神、つまり完全現実態としての第一存在者を想定する存在論の体系を構築したのである。しかし、現代において神という古い概念はもはや必要ない。むしろ自然の自己組織性というものに着目すべきである。アリストテレスの自然哲学的存在論はまさにこの概念を先取りするものだったのである。

自然の自己組織性はそのまま生命の自己組織化現象に反映する。そして自己組織化現象は生成的である。我々人間の存在は、ただ即自的に在ることではなく、自己への意識的関与をもちつつ在ること、つまり対自的に在ることを意味する。自然が自己組織性をもつなら、自然の子としての我々人間の生命も自己組織性をもつのは当然のことである。そこで、人間の生成的存在の自己組織性は、意識的自己関与を介した生命的時間性を基本枠組みとしてもつことになる。もちろんその際、時間性は空間性とペアになって人間存在の自己組織性の枠組みとなるわけだが、ここでは特に時間性に焦点を当てることにする。

我々各自の存在は生物のそれであり、胚から成体に至り、さらには老化し衰退して死に至る、という生成的経路を歩む。その過程は不可逆であり、我々人間の生命的存在は時間の矢として、死という的に向かってまっしぐらに進むのである。ジェームズは「意識はモノではなくてプロセスである」と主張したが、それに倣って「人間の存在はモノではなくてプロセスである」と言いたくなる。より詳しく言うと、「人間の存在は石や机のような即自的存在ではなく、意識による自己関与を介した対自的存在であり、かつ存在即生成となる時間的なものとして不可逆のプロセスを核としている」ということになる。人間においては存在即生成なのである。そもそもあらゆる生物において存在即生成である。それは生命的存在の特徴である。特に人間の場合、意識による自己関与がその存在の対自性を濃厚なものにしているので、実存的時間性が自らの生成的存在に色を添えることになる。

我々人間の生活は睡眠と覚醒の繰り返しから成っており、睡眠から目覚めた朝ごとに日々新たな自己となるべく定められている。つまり、我々は新奇への創造的前進を課せられているのである。しかし、現実には日々の生活はあまり変化のないルーチン的出来事の連続であり、自己は刷新されず、大して進歩もできず、日の欲求に縛られ、停滞してしまう、というのが実情である。たしかに、一部のクリエイター、エキスパート、天才が新奇への創造的前進を遂行し、日々新たな自己を実現すべく前進しているだけだ、とは言える。しかし、それは表層的見方にすぎない。凡人も天才も、怠け者も努力家も、保守派も革新派も、全員時間の矢を生きていることに変わりはなく、日々新たな自己になるべく新奇へ創造的前進を無意識理に遂行しているのである。そして、それには自然の自己組織性が関わっている。

我々は自らの意志によらずとも、自然の突発事象によって大変化を被ることがある。社会的な突発事象によってもそうなる。実は、これらも我々の生成が新奇への創造的前進を常に遂行していることを裏づけている自然的証拠なのである。このように言うと、それは受動的事態であり、自らの意志を媒介とすべき創造的前進には当たらないのではないのか、という反論が出そうだが、それもまた表層的見方にすぎない。我々の自由意志の親玉は自然の自己組織性であり、我々の意識的な自由意志はそれを分有することによって成り立っているのである。これは、自然の生成・変化が我々の生命と意識に強い影響を常に与え続けており、それが我々の自覚的な自由意志をも無意識裡に左右していることを意味する。

生命の時間というものの意味を考える際、以上の事柄を顧慮し、それを生命的世界において存在即生成という事実に関連づけなければならない。すべてのものは流れ去り、ひとときも同じ場所にとどまることはない。パルメニデスと彼に追従する者は不生不滅の存在と永遠の現在を想定したが、我々としてはそれを「存在の場所的性格」に置き換えて理解しようと思う。前述のように、存在の場所的性格はそれの自己組織性と連携するものであり、運動と変化と生成をも自らの要素とする包括的な概念である。場としての存在の中で我々人間の生命の時間が生起するのであり、それは我々の生命が存在即生成という存在論的性質をもつことと深く関係しているのである。

3　存在の時間

これまで生命の時間について論じてきたが、いよいよ存在の時間について話すときがきた。我々は自ら生きていくことの中で自分の存在と時間の関係について思いをめぐらすときがある。その際、「私が存在しているということ」はたしかに私の生命過程の一部なのだが、単なる生命現象とはどこか違うものとして受け取られている。意識的生命主体としての人間各自において「存在していることは」は「生きていること」と一見ほぼ同一のものに思われるが、根底においては少し次元が違うことを指しているのである。一般に「存在すること」は「生きること」の上位概念とみなされている。つまり、存在は生命と類縁性はもちつつもより包括的な事柄を指す概念なのである。言うまでもなく、生命は生命をもつものに限定される存在概念だが、存在は生命体だけではなく非生命体にも適用される広範な概念である。それゆえ、「生命の時間」が「私は何のために生きているのだろうか」という実存的ないし人生論的関心と結びつきやすいのに対して、「存在の時間」は「なぜそもそも存在するものは存在し、無ではないのか」という万物の存在根拠への問いと深く関係するのである。もちろん「生命の時間」と「存在の時間」は密接に関係しているが、視点の相違を顧慮して個別に考察する必要がある。その後で両者の深い関係を明らかにするのである。

我々はどのようなとき「存在の時間」について考えるだろうか。「存在の時間」について思いをめぐらすとき、同時に「存在と時間」という問題意識が頭をもたげてきているように思われる。そして、これに「失われた時を求めて」という深い関心が付け加わるように思われる。

生命は基本的に不可逆の前進過程であり、後戻りできない。特に人間的生命現象としての人生行路はそうである。ところが「失われた時を求めて」という希求心は、生命の時間の矢に逆らって、過去を取り戻そうとしている。なぜなら、この希求心は時間の流れを超えた永遠性を志向しているからである。そして、このことに生命の時間性と存在の永遠性の違いが関わってくる。

生命過程は基本的に過去→現在→未来という不可逆の前進性をもっている。それに対して「存在」は、こうした生命過程の時間性を包摂しつつも、不可逆の前進性を超えた永遠性に関わるのである。また、生命的時間観念が個別的生命体の存在にのみ関わりやすいのに対して、「存在の時間」は自己を超えた世界の存在や在りとし在るものの存在に関わる広範な概念である。「私が時間を生きている」ということだけではなく、「そもそも世界が存在し、万物に時間が割り当てられている」ということに関心が広がるのである。プルーストも失われた過去を突如蘇《よみがえ》らせるのは意志的な記憶の再現能力ではなくて偶然出会われる物質（が喚起する感覚）である、と言っていたではないか。「私」の存在の意味は「失われた時を求めて」という関心と深く結びついている。そして、「失われた時」は現在の意識による意志的な記憶再生能力によってではなく、世界の情報構造によって蘇させられ、再現可能となるのである。ここで筆者はプルーストが言う「物質」ないし「物質が喚起する感覚」を「世界の情報構造」と言い換えた。前にも説明したように、単に「物質」だと曖昧であり、その形相性が重要なので、物質を取り巻きつつそれに形相性を付与しているインフラとしての「世界の情報構造」の方が失われた時の再現を可能ならしめるものとして、より厳密な表現となるからである。なお、失われた時の「再現」は単なる意識的表象によるファンタジーではなく、「存在の意味」の「取戻し」である。

ところで、ハイデガーは『存在と時間』において「自己に関わりつつ世界へと超出する現存在（人間存在）」の存在の意味としての時間性をまず論じ、その後で存在一般の時間性、つまり多様に語られる存在の意味を統一する時間的図式を解明することを目指していた。この存在一般の時間性の解明こそ『存在と時間』というタイトルをハイデガーに思いつかせたものであり、彼の存在論的意図は自己の生死や人生の無常観から素朴に「存在と時間」という問題意識をもつ者には実は近づきがたいものだったのである。存在一般の意味の時間的図式（Temporalität）を現存在の時間性（Zeitlichkeit）に基づいて解明しようとしたハイデガーの当初の計画は中途で頓挫したが、存在と時間の根本的関係解明しようとする姿勢は普遍的なものであり、哲学の究極の問題の一つである、と言える。(1)

ハイデガーに数百年先立って道元は仏教哲学の立場から存在と時間の関係について思索していた。彼の主著『正法眼蔵』の「有時」の巻からいくつかの文章を拾ってみよう。(2)

「いわゆる有時《うじ》は、時すでにこれ有なり、有はみな時なり。……有草有象ともに時なり。時時の時に尽有尽界あるなり。しばらくいまの時にもたれる尽有尽界ありやなしやと観想すべし」。

「いわゆる、山をのぼり河をわたりし時にわれありき。われに時あるべし。われすでにあり、時さるべからず。時もし去来《こらい》の相にあらずば、上山の時は而今《にこん》なり。時もし去来の相を担保せば、われに有時の而今ある、これ有時なり」。

「山も時なり、海も時なり。時にあらざれば山海あるべからず、山海の而今に時あらずとすべからず。時もし壊《え》すれば山海も壊す。時もし不滅《ふえ》ならば山海も不滅なり」。

道元の言いたいことはおそらく「今何時？→有時《うじ》」であろう。これは冗談で言っているのではない（たとえば「今何時？→肥満児《ひまんじ》」という語呂合わせ的冗談ではない）。

我々は普段、常に時間を気にかけて生活している。そこで「今何時？」と訊かれたとき、「九時五〇分です」とか「四時半ぐらいです」とか時計上の時刻を答える。それに対して道元は単なる時刻的な時間ではなく、「私が存在すること」そのものの意味を根底から支えている「時間」のことを言おうとしているのである。そして、存在の意味は個々の存在物すべて、さらには世界そのものにまで及ぶ。つまり、森羅万象の存在の意味は時間にある、と主張しているのである。こうした森羅万象の存在の意味を構成する時間はまた「私によって生きられている」ということが眼目となっている。「存在されている」と言った方が適切であろう。「私によって存在されている時間は、そのまま森羅万象を統《す》べる根源的な〈存在時間性〉なのである」というようなことを道元は言おうとしているのだと思う。

また、道元は存在の真相を現下の「今」に見出そうとしてように思われる。それゆえ、存在の根源的意味を形成する時間は、時計で測られる時間のように過ぎ去るものではなく、そのつどの「今」において全存在の意味の発露となって連続していく、というふうに捉えられている。たとえば、「今何時？←肥満児」「何分過ぎ？←太り過ぎ」という語呂合わせ的冗談に対応して言えば、「今何時？←有時」「何分過ぎ？←有時は過ぎ去らない。常に今である」となる。「うじうじしないで、そのつどの今の時を充実して生きよ」というわけである。

ところで、筆者は直前に「存在時間性」という言葉を使った。実はこれはハイデガーのTemporalitätの訳語の一つである。Temporalitätは「時節性」とか「存在時性」とか「存在時間性」とか幾様かに訳されており、定訳はない。「テンポラリテート」とカタカナで表記する場合も多い。興味深いことに、九鬼周造はこれを「有時性」と訳していた(3)。道元を意識していたとしか思えないが、ハイデガーのTemporalitätは多様に語られる存在の意味の統一的な時間図式なので、初めて日本語に訳そうとした九鬼が道元の「有時」を参照したのは至極《しごく》自然である。

ハイデガーのTemporalitätと道元の有時は「存在の時間」というものを表現した概念の代表である(4)。そして、それは意識的生命主体としての自己と森羅万象（存在全般）双方の存在の意味を根底から規定するものである。つまり、私の存在の意味は時間にあり、世界のそれもそうであり、そもそも存在とは時間なのである、ということなのである。この「存在は時間である」という理解は、「自らの有限性を自覚して、そのつどの今を充実して生きよ」という人生論的教訓を手始めとして、経験の時間的図式、世界の時空形式、さらには宇宙の始まりと終わりに関する宇宙物理学的探究における時間の概念というふうに拡張されていく。

とにかく、我々は生きていくことの中で、死へと向かう自己の有限性を意識しつつ、刻々と過ぎ去る時間を気にかけ、自らの存在の意味に思いを馳せる。また、自己の生命の時間だけではなく、季節のめぐりを通して自然の時間経過を感じ、さらには宇宙の始まりと終わりのことを考えると、存在そのものと時間の関係に深い興味が湧いてくる。

なぜ、そもそも宇宙は存在しており無ではないのか。なぜ、宇宙には始まりがあり、終末を迎える可能性があるのか。宇宙の始まりとは何であり、その前には何があったのか。始まりというものが時間的概念だとするなら、始まる以前には時間はなかったことになるが、それではなぜ時間が生まれ、宇宙の物理的構成の根本形式になったのか。始まる以前の時間というものは考えられないのか。また、大宇宙に比べれば矮小な「私」だが、その存在も時間によって根底から規定されている。そして、自己の存在の意味は「のっぴきならないもの」として、ある意味では全宇宙の存在ないし存在全般の意味をも凌《しの》ぐ。たしかに、世界があるから私があり、私は自然によって生かされて生きている。しかし、私が意識するからこそ、宇宙の存在の「意味」は初めて気づかれ、問題視されるのである。自己の存在に関しては言うまでもない。それゆえ、私は意識の力によって全宇宙を飲み込むのである。ただし、それで満足してはならない。やはり自己は自然によって存在せしめられているのであり、自己の存在の意味は宇宙そのものの時間から派生したもの、と考えられる。

「存在の時間」は自己と世界、この私と全宇宙の双方に張り渡されている。自己存在の時間性と存在全般の時間は相互帰依的均衡を保つ関係にあり、自己の時間への関心は宇宙そのものの時間の矢が個別化的に分有されてものとみなせる。ここで再び「時間の矢」という言葉が出てきた。これが生命の問題と深く関係することは前に述べた通りである。とすれば、単純に混同されるべきではない「存在の時間」と「生命の時間」もやはり根底ではつながっているのである。そこで、最後にそれについて説明することにしよう。

4　生命の時間と存在の時間

生命の時間と存在の時間は、時間の矢と生成的存在の関係から統一的に理解できる。我々人間をはじめとする全生物は誕生から死へ向かう時間の矢を生きている。他方、生物がその中に置かれている宇宙も始まりと終わりをもち、その物理的構成は基本的に生成的であり、やはり時間の矢を核としている。

生物の中でも人間は自己意識の働きが秀でているので、自分の一生が時間の矢によって支配されていることを自覚し、その観点から自己の存在の意味を捉える傾向がある。しかし、自己の生命を根底から規定していると思われた時間の矢は、物理的環境世界の自己組織化的生成過程においても中心的役割を果たしている。つまり、時間の矢は生命の特質であるだけではなくて、非生物的な物理的環境世界ないし自然界の根本性質でもあるのだ。そして、ここで生命をはみ出す存在というものが現れてくる。換言すれば、「意識の自覚作用によって捉えられる生命の時間」と「無機的な物理的世界を構成する生成的過程の時間的性格」は違うのであり、後者は前者を内含しつつもそれを超えているのである。そして、無機的な物理的世界は意識を欠く即自的存在として、「生命の時間」よりは「存在の時間」に関係するものとして受け取られる。

こうした区分はたしかに受容しやすく穏当だと思われやすいが、旧来の物心二元論に呪縛されたものとして、やはり底が浅いと言わざるをえない。自己と世界、意識的対自存在と無意識的即自存在、生物と無機物は一応区別されるべきだが、全く断絶してそれぞれ別の存在領域にあるものではない。意識的生命主体である人間も単に精神的存在であるだけではなく、自然物質によって構成された生理的システムとして物理的自然と連続している。また、物理的世界も自然有機体説によれば自己組織化的生命性をもったものとみなされ、生物の生命性と断絶した機械的無機性に支配されたものとは言えない。そもそも、地球上での生命の誕生は宇宙の物質進化の延長上にあるものであり、後者を基盤として初めて起こったのである。それゆえ、生命の時間と存在の時間の関係を考える際には、物心二元論を超えて、意識的生命世界と物理的自然世界に橋を架け、両者に共通する「時間の矢」に着目しなければならない。

　生成的自然界の中で誕生し成長し老化し死に至る自己。その生命は物理的大宇宙を統《す》べている時間の矢を個体的に分有することによって成り立っている。その自己が人生の意味や生命そのものの意味を考えるとき、この分有化作用が必ず反映する。そして、このことを深い次元で理解すると、人生や生命の意味への問いの背景に存在への問いが控えていることに気づく。人生→生命そのもの→存在というふうに普遍性が増し、意味が深まっていくのである。しかし、このことは生命の意味への問いが存在の意味への問いより程度が低いなどということを意味しない。むしろ、存在の意味への問いは生命の意味への問いと結びついてこそその深みが増すのである。そして、この結びつきを媒介するのは、言うまでもなく「時間の矢」である。

　我々が時間の深淵というものに感づくとしたら、生命と存在を架橋する「時間の矢」を深い生命論的存在論の観点から捉えたときではないだろうか。なぜなら、我々は自己を超えて世界そのものの存在の意味を問うとき、意識が拡張され、そもそも「深み」というものにはまっていくからである。デカルトが主張する「我思う、ゆえに我在り」というテーゼは存在の表層を撫《な》でたものでしかなく、次のように言い換えられるべきである。「私は時間を生きている。そして、その時間は存在そのものの時間の矢を分有したものである。それゆえ、私の存在は根本的に時間的である」。とにかく、そもそも存在全般が時間から根本的に意味を規定されているのである。

注

（1）Vgl. M. Heidegger, *Sein und Zeit*, M. Niemeyer, Tübingen, 1979, *Die Grundprobleme der Pänomenologie*, *Gesamtausgabe Bd. 24*, V. Klostermann, Frankfurt am Main, 1975, M. Heinz, *Zeitlichkeit und Temporalität: im Frühwerk Martin Heideggers*, Königshausen & Neumann, Würzburg, 1982

（2）現代語訳『正法眼蔵』第一巻、増谷文雄、角川書店、一九八二年、一九四～二一三ページ。

（3）『九鬼周造全集』第十巻「講義　ハイデッガーの現象学的存在論」岩波書店、二〇一二年を参照。

（4）ハイデガーと道元の時間論を比較考証したものとして、Cf. S. Heine, *Existential and Ontological Dimensions of Time in Heidegger and Dōgen*, State University of New York Press, 1985

第7章　身体の空間性と環境世界

はじめに

第5章では自己存在の空間性について論じたが、ここでは身体性の問題と絡《から》めて空間の奥深い意味について考察することにする。そして、それはとどのつまり身体の空間性と環境世界の関係を解き明かすこととなる。

二〇世紀の哲学において時間論の王者がハイデガーだとするなら、空間論の第一人者はメルロ＝ポンティである。もちろん他にも優れた論者はいたが、傑出しているのはこの二人である。前述のように筆者はこの二人が唱えた世界内存在の概念から強い影響を受けた。最初にこの概念を提出したのはハイデガーであるが、彼は空間の問題を蔑《ないがしろ》にしてしまった。しかし、ハイデガーからこの概念を受け継いだメルロ＝ポンティは世界内存在の空間性を身体性と絡めて徹底的に考察した。その問題設定の核心をなしていたのは身体の空間性と環境世界の関係への着眼であった。我々はその姿勢に倣って、この関係を本論考の文脈に合わせて論じようと思う。

我々の日常的感覚からすると、精神的主観性としての「私」が身体をもっているように思われる。つまり、自我を核とする心が身体と分離して理解され、それが身体を操っているような感覚があるのだ。この感覚は漠然としているようで、明確に思われるときもある。ところが、それとは逆に「私」は身体を生きており、身体をもつのではなくて身体そのものである、という感覚もある。重要な感覚はこちらの方である。そして、この感覚に沿って生きられる身体の空間性と環境世界の関係を考察することが、我々の存在の意味を理解することにとって貴重な視点を提供するのである。

しかし、我々の常識は身体を対象化する視点に縛られており、「生きられる身体」という概念は疎遠なものに感じられる。その身体性が世界内属的空間性をもっている、ということに関してはなおさらである。我々はまずこの観念の固着を打ち破らなければならない。そして、我々の自我が生きられる身体そのものであり、その身体が独自の空間性によって環境世界とフィートバック・フィードフォワードのループを形成していることを明示しなければならない。

ただし我々は、メルロ＝ポンティを代表とする現象学派とは違って、「生きられる身体」というものが遺伝子と細胞と脳を無視して理解できるものではないことをはっきり言おうと思う(1)。その方が一般の人の理解を得られやすいと思うからである。

1　一般的な身体概念と生きられる身体の関係

我々が一般に理解している身体は外から見られたそれである。自己の身体にしろ、他者の身体にしろ、その外観から我々は身体というもののイメージをまず獲得する。頭と胴体と四肢が独特の配置と形態で一体となっている人間の身体の客観的像である。それはまた直立二足歩行で多種多様な衣服をまとっている、という特徴を兼ね備えている。しかし、身体にはまだ別の重要な要素がある。それは重量である。身体の重量（つまり体重）は一見純粋に客観的な物理的性質のように思われるが、実は主観的な感覚契機という面も兼ね備えている。そして、それは重力に逆らって身体を直立させ運動を継続していることと密接に関係している。ここで既に「生きられる身体」の一断面が現れてきているのだが、それについては少し後で論じることにしよう。とにかく、以上のような身体像は、多くの人が科学的見地に立たなくても得ることができる「身体」というものの一般的理解を表している。

しかし、身体の客観的概念を形成するためには日常的感覚による把握では不十分であり、科学的分析がそれに付け加わらなければならない。解剖学と生理学がその代表であるが、前世期の後半から急速に進歩した分子生物学ないし生命科学の知見も近年重視されている。解剖学が示してくれる人間の身体の内部の骨格と筋肉、さらには内臓、血管、神経の図は、日常我々の目に触れることのない身体の構成要素である。医学部に入って解剖実習をするか猟奇殺人を犯すかしない限り、我々は直接それを見ることはない。しかし、現代では図や写真を通して見ることができる解剖学的身体の構造について疑う人はまずいない。それゆえ、解剖学的身体像は科学的に客観的な身体理解の基礎の筆頭となっている。ただし、ここで解剖学というものが、もともと生命活動を停止した屍体の分解であることに注意しなければならない。解剖学は運動性や内部感覚がなくなってしまった死せる身体、つまり「生命」のない身体を扱っているのであり、身体の生命活動と切り離せない「生きられる身体」には直接関わることができないのである。

身体の客観的性質を科学的に分析するもう一つの分野は生理学である。解剖学が身体の構造を解明するものであるのに対して、生理学は身体の機能を分析するものである。より詳しく言うと、生理学は生命活動を行っている身体の現在進行形の機能を明らかにするものなのである。それゆえ、生理学の方が解剖学よりも「生きられる身体」に近接している。とはいえ、生理学が各人の主体的身体感覚をとりあえず捨象して得られた客観的な知見であることに変わりはない。

我々は医学における外科と内科の仕事に対応させて解剖学と生理学の役割分担のイメージを簡単に得ることができる。もちろん、臨床医学は常に生きた患者の身体を検査・診断・治療しているわけであり、その基礎として解剖学と生理学があるので、その応用としての外科医療と内科医療は一人の患者の病んだ身体を一致団結して治療していくことになる。臨床医学は、東京慈恵会医科大学が掲げるスローガンの通りに、病気を診ずして病人を診なければならないのである。

「病気を診ずして病人を診よ」というスローガンを深い次元で捉え返すと、病気の治療臨床という場を介して科学的に客観的な身体分析と患者の「生きられる身体」の接点が仄《ほの》かに見えてくる。というのも、このスローガンが言おうとしているのは、「病人」とは疾患を抱えたその当人の心身合一的な生命全体性（つまり全人性）を示唆しており、患者の主体的身体意識と実存的人格性（ないし人生）を顧慮せよ、ということだからである。

我々は病気になると普段よりも自分の身体のことを気にかけるようになる。これは「物事の意味や価値は失われたとき初めて分かるようになる」ということを示唆する事態である。重労働をして腰を痛める、躓《つまず》いて膝を痛める、過飲過食をしてお腹を壊《こわ》す、風邪をひいてのどが痛い、といった日常的出来事はもちろん、感染症による重篤な症状、あるいは癌《がん》などの重病の宣告もまた自己の身体への気づきを亢進させる。身体感覚ないし身体意識が過剰となって、心気症的になってしまうのである。心気症とは自己の身体の不調に対する過敏な反応のことであるが、これが実は生理と心理の一体二重性を示唆し、ひいては「生きられる身体」というものの理解の糸口となる貴重な現象なのである。

我々は健康で身体の不具合を感じないとき、「身体」というものを他人事のように客観視する傾向がある。そしてその際、「生きられる身体」の感覚は背景に退き、健康な意識の流れが支配的となり、心身分離の状態となる。

「私」とは主観的な意識の流れの統一者であり、「身体」はその「私」の所有物だというわけである。もちろん、完全に心身分離が起こり、「私」と「身体」の関係が主観と客観の対立として固定化されるわけではなく、自己と身体の一体感はたしかにあるのだが、希薄なのである。それゆえ、この状態では「私は身体をもつのではなく、身体を生きているのだ」ということは分かりにくい。逆に「そんな分かりきったこと言うなよ」などと嘯《うそぶ》くのが関の山となる。

「私は身体をもつのではなく、身体を生きているのだ」ということを如実に自覚させる事態を挙げてみよう。昔、拷問のやり方として血液を少しずつ抜いていくというものがあった。貧血が徐々に進んでいくと白状するであろう、というのが眼目なのだが、拷問されている当人にとってはたまらない。この事態は被拷問者に血肉の通った身体がまさに普段「生きられていたのだ」ということを残酷にも自覚させるであろう。徐々に進む貧血は、もちろん最終的には意識の消失と死に至らしめるのである。その「死へと向かっている」という自覚が貧血による意識レベルの低下と並行する状態は、まさしく「身体が私によって生きられていた」ということを彼に告知するのである。

これは特殊な事例であるが、誰でも経験するものもある。たとえば熱中症である。夏場や高温の室内での作業中に眩暈《めまい》、頭痛、吐き気、意識の混濁などを感じたことのある人は多いと思う。賃金をもらって働いている場合、少しぐらいの体調悪化は我慢するので、休憩までもちこたえようとする。すると、言うまでもなく症状は悪化する。汗はだらだら、喉は乾き、眩暈がし、吐き気がしてくる。ふらふらして倒れそうになるが、何とかもちこたえようと踏ん張る。この状態でも「私は身体をもつのではなく、身体を生きているのだ」ということが身をもって自覚される。気を失いそうな自分を気丈に立て直し、倒れそうな身体を「身体である〈私〉」が重力に逆らって体勢維持する。これこそ「自我＝身体」「私＝生きられる身体」ということを身体知の次元で如実に了解させる状況である。

これに似た状況は長距離走でも現れる。一般の人は社会人になると自ら五㎞以上の長距離を走ることはほとんどなくなるが、かつてそれをやった経験を想い出せば分かるであろう。また、駅伝やマラソンのテレビ中継を観ているとき、今にも倒れそうな身体を必死にもちこたえて走っている選手を観ると、まるで自分事のようにその苦境、苦痛が感じられる。それはまるで、レモンを見ただけで酸っぱさの感覚が湧出して、唾液が込み上げてくるときのようである。

しかし、ここで一言言っておかなければならない。たしかにこのように説明できるし、それを聞いた人はある程度「なるほど」と理解してはくれるであろうが、それはやはり漠然としたものであり、概念的に明確に把握しているわけではない。右に挙げた事態が過ぎ去れば、またいつもの心身分離、「私は身体をもつ」という漠然とした感覚が優勢となるのだ。とにかく、「私は身体をもつのではなくて、身体を生きているのだ」という主張に対して「そんな分かり切ったことを言うなよ」などと嘯《うそぶ》く連中に「生きられる身体」の概念を明確に理解させることは意外と難しい。

問題は「物体として客観視された身体」と「感覚と意識を伴いつつ運動中の身体」という観点の相違なのである。もちろんこの二つの位相は、もともと一つであった「生命個体の身体」から派生したものである。その生命個体が環境世界の中で「生きている」ということ、ならびに「運動している」ということに着目して、身体と意識の生命活動的統一性を捉え、そこから「生きられる身体」の概念を獲得することが肝要なのである。

そこで、次に生命と環境世界の関係について考えてみよう。

2　生命と環境世界

あらゆる生物（生命個体）は環境の中で生きている。自らを囲む環境にいかに適応するかが、その生物にとって生命を維持するために肝要なのである。それゆえ生命個体にとって生命と環境世界は切り離せない関係にある。そして、両者は生命個体の生きられる身体の空間性において統一され、一つの生命システムを形成している。

普通「環境」と言うと、関連する事柄の及ぶ漠然とした範囲の「場」を指すが、「環境世界」の方はその中で生きる生命個体の主体性との関連を示唆し、生命主体と世界の一体性を含意している。それゆえ、それは単なる「環境」と混同されないように「周囲世界」と言い換えられることもある。我々は、この周囲世界としての環境世界の中で世界と一体となった意識的生命主体として行動し、生活しているのである。

我々人間（現生人類）は、自己の在り方と環境世界の関係を理解し、意識を深め、それによって行動と思考を再編し、生活を組み立てていく高度の認知機能を有している。しかし、この高度の生活的知能は生物としての人間の生活能力の氷山の一角にすぎない。思考と自覚的意識という高度の認知機能の土台には単細胞生物からの長い進化の歴史が刻印され、そうした下部構造のおかげで我々の高度の認知機能は成り立っているのである。そして、それは生きられる身体の原初的感覚に着目すると分かるようになる。

我々は環境世界の中で諸々の感覚機能を働かせつつ行動し、生活している。感覚には視覚、聴覚、味覚、嗅覚、触覚、体性感覚などの個別的感覚があるとともに、それらの区別を超える包括的な共通感覚というものもある。たしかに視覚とか聴覚などの個別的感覚は、一見単独で機能しているように思われる（感じられる）が、感覚情報の知覚的統合の際には相互貫入の様態を示し、その分断は緩む。たとえば、好物を食べているときには視覚と味覚と嗅覚は連動し、それが食行動ないし栄養摂取に関連した体性感覚へと統合されるような事態となる。また、愛する異性を抱擁しているときには視覚と嗅覚と触覚が、触覚が優位に立ちつつ性愛的体性感覚へと統合される。そもそも体性感覚は一応個別感覚に分類できるが、その中で最も共通感覚に近接しているのである。

単細胞生物や中枢神経系のない生物においては人間や高等脊椎動物と違って感覚が未分化であり、光や水分や温度や酸度や塩分などに反応する全身的な生命感覚が優位となっている。原始的生物のこの原始的感覚機能は一見、高等脊椎動物の多様な感覚機能に比べると低劣なものに思われるが、その内奥的意味は実に深い。なぜなら、それはなぜ生物がそもそも感覚というものを有するようになったかを示唆するものだからである。つまりそれは、生命個体が生命維持のために環境世界の情報構造にいかに対処すべきか、という原初的事態の成立過程を如実に示す証拠なのである。生物の生命は環境世界と一体となって一つの情報構造を形成し、その中で「感覚」というものが誕生したのである。それゆえ、原始生物の原初的感覚機能は未分化で全身性のものであり、「生きること」ないし「生命を維持すること」という目的が剥《む》き出しになったような純粋で単純なものだったのである。それは「生命感覚」と言い表すことが妥当だし、この原初的な未分化の生命感覚は、進化した生物の多様で高度の感覚機能の下部構造としてずっと存続してきたのである。

このように生命と環境世界は感覚によって統合されている。そして、その際中核となっているのは全身性の生命感覚であり、これが個別的感覚刺激に反応するとき、感覚の分化が起こるのである。この全身性の生命感覚は世界と一体となった包括的な共通感覚であり、その意味で意識と身体と世界の統合性を示唆するものである。

手を伸ばして物を取る。危険を感じて地面に身を伏せる。日差しを感知して視線を空に向ける。地震の強い揺れに動揺して近くの物にしがみつく。向かい風をこらえながら前進する。暑さ寒さを感知して体温維持的対処をする。こうした行動様態はすべて自己と世界の一体性を示し、感覚を介して自己の生命と環境世界の物理様態ないし情報構造が相即していることを表している。そして、この「相即」に生きられる身体の空間性が関わってくる。そこで、次にそれについて考察してみよう。

3　生きられる身体の空間性

我々の身体は物体として物理的空間の一部分を占有している。たとえば自宅のリビングに居るとき、六〇㎥の空間の中に身長一・八ｍで体重七〇㎏の物体的身体があり、その空間の一部分を占有している、ということになる。範囲をその住居が在る街、市、県、国、地球、太陽系、宇宙全体……というふうにどんどん広げていくことができるが、物理的空間の一点を物体としての身体が占有している、という事態に変わりはない。一般の人が身体と空間の関係について問われて、まず思い浮かべるのはこうしたことであろう。しかし、これは静止した物体としての身体を客観視して得られる身体と空間の関係理解であり、事の一面しか突いていない。実際の身体は死せる静止態にはなく、覚醒時には頻繁に動き回り、空間内に占める位置はめまぐるしく変わり、姿勢も変わり続け、活発な運動を繰り返している。もちろん、睡眠時や休息時には静止態に近くなるが、それでも単なる物体に堕すわけではない。これはＡＬＳ（筋萎縮性側索硬化症）などの神経難病になって動けなくなったときでも同様である。いずれの場合にも、動こうとする意志は存続し、身体は常に運動の潜勢態にあるのだ。

「生きられる身体の空間性」というものを理解するためには、意識的生命主体としての自己によって生きられている能動的身体が周囲世界へと行為的に関わる様態に着目しなければならない。我々は空間の中に位置を占めると同時に意志的な身体運動ないし生活行動によって能動的空間を自ら切り開いていく特性をもっている。これはあらゆる生物に見られる生命特性であるが、人間の場合には高度の反省的意識機能が加わるので、行動の編成における空間の開陳が緻密で多様性をもっている。ただし、前述のようにこの高度の認知行動能力の基盤には原始的生物から伝承された根本的な環境適応性が存している。「生きられる身体の空間性」について考える際には、世界関与的な反省的意識機能を伴った自己の身体性の自覚とともに、この原始的な環境適応性も顧慮しなければならない。そして、この環境適応性に原初的な生命感覚が対応するのは前述の通りである。

「生きられる身体」というものは、基本的には遺伝子と細胞と脳によって構成されている物質的身体であり、単なる観念的構想物ではない。そもそも物質的身体の組織を発現せしめた遺伝子DNAは環境と相互作用することによってしか機能しないのである。それゆえ「単なる物質としての身体」という見方は根本的には成り立たない。ましてや遺伝子が多面・多層的に形質発現した複雑系としての生物の身体は、生理活動のプロセス的性格も伴っており、創発的特性に満ちている。神経系が著しく進化し脳の機能が高度になった生物、特に現生人類においては、これに意識と思考と記憶の機能が付け加わり、主体と環境の相互関係がより複雑となり、環境世界の中での主体の生活・行動様式も多様な創発特性によって彩られることになる。こうした身体の内部と外部両面における創発特性の発生が、遺伝子の形質発現態としての有機物質である身体を「生きられる身体」へと生成せしめるのである。その際、身体に有機統合された脳が、自由意志を駆使して身体の随意運動を発現せしめ、さらに環境世界と一体となった活動的身体が能動空間を切り開く。そして、この過程には当然、時間的生成の要素も加わる。「生きられる身体の空間性」とは、こうした主体と環境世界の相互作用の中で発現する活動的身体の能動空間の形成とその身体意識的（体感的）自覚を意味するのである。

具体的例ないし日常的事象に言及しつつ説明してみよう。

何らかの理由で狭くて真っ暗な物置に閉じ込められたとき、それが身動きできないほどの空間だったとするなら、我々は自己の不自由を心身両面で感じる。しかも、それが暑いか寒いかのどちらかで、かつ幽閉されている時間が長いとするなら、その気分はさらに束縛感に満ちたものとなる。しかし、そこから解放されて再び明るく広い環境世界へと出たとき、我々は自己の身体を自由に動かせる空間を再び獲得できた、という満足感に浸る。この際、身体と空間の関係は身体の運動の停止と再開という契機と密着している。

我々はもともと身体を自由に動かし、空間を能動的に切り開くことによって自分にとって心地よい環境を形成しようとする傾向をもっている。自ら好んで身動きできない暗くて狭い空間に入り込もうとはしないのである。それは血液の循環と血圧に悪影響を及ぼし、筋肉と骨に不快感をもたらさずにはいないからである。もちろんそういう空間を好む生物もいるが、人間の場合はそうではない。人間によって生きられる身体の空間性は、常に身体の生理状態のホメオスタシスを維持できるように、自由に身体を動かせる快適な空間を求めるのである。それには当然、安らかな睡眠を約束する寝室ないし睡眠環境も含まれる。

生きられる身体の空間性にはまた歩行という契機も重要な役割を果たす。人類が類人猿から進化して樹から降り、直立二足歩行を始めたときから、人間にとっての環境世界は歩行による能動空間の形成が中心的役割を担ってきたのである。二本の脚とその末端の足は胴体を支え、我々の運動と活動と行為と生活を文字通り「支えて」いる。しかも人間の歩行は直立二足歩行であり、これによって脊柱が垂直化し、脳の機能と対面的コミュニケーションの進化につながったという事情もある。我々各人によって生きられる身体の空間性は直立二足歩行とそれに対応する身体の形態と密接に関係し、それが社会的共同生活の進化や仲間意識の形成につながっている。

次は腕と手について。

人類が類人猿から進化して直立二足歩行をするようになったとき、同時に手が地面から離れ、周囲の空間を自由に探れるようになった。手を伸ばして物をつかむ。手の動きを象形文字的に使って、コミュニケーションに役立てる。手で道具を作り使用する。これらの手の機能の進化は人間各自の生きられる身体の空間性の形成に寄与し、その編成を精密なものにした。類人猿を含む四足歩行の動物に比べて、手と腕の自由を獲得した人類は「脚と足による歩行」を「手と腕の独立使用」と連携させることによって、自己の世界内存在の空間性を豊饒《ほうじょう》なものにしたのである。

手と腕の自由な使用は声帯の進化と連携して人類に高度の言語機能とコミュニケーション（会話）能力をもたらした。これはまたそのまま脳の機能の向上にもつながった。二足で歩き回りつつ手と腕を自由に動かして、より効率的に環境に適応しようとする傾向は、脳の機能の向上による反省的意識と思考と記憶と判断の能力を高め、環境世界の中で行動し生活する際の能動空間の形成を複雑化しつつ精確に統合する能力を人類に提供したのである。

手振りや道具の使用や発話は「効果器」という性質をもっており、これが「中枢」としての脳と連携しつつ、人類における諸々の行動・生活能力を生み出すのである。それゆえ、とにかく脳が進化したから人間の知能は他の動物に比べて格段に高くなったのだ、と単純考えるのは軽佻である。脳は脊髄と一体となった「中枢神経系」として身体全体に有機統合され、効果器との連携において機能を発揮するものであることを理解しなければならないのである。しかも、これまで何度も述べてきたように身体は環境世界と一体となった生命システムであり、脳もこうした生命システムの一契機として捉えられなければならない。

たとえば、環境世界の中で目についたものに歩み寄って、それを手でつかみ、眼でよく見て、それが何であるかを鑑定する際、脳は単独で機能するのではなく、四肢と感覚器と末梢神経を備えた身体という生命システムの一部として機能するのである。ただし、脳が極めて重要な情報処理的中枢であることは銘記しなければならない。アンリ・エーという精神医学者は脳を「心的身体」つまり「生きられる身体」の中枢であると言い切っている[(2)]。

反省的意識能力が極めて高い人間という生物は、単に行動によって環境世界の中で能動空間を切り開くだけではなく、その切り開かれた空間の内容と意味を認知と思考の能力によって捉え、次の行為に役立てていく。これには記憶、並びに他者との意味の共有という契機も加わってくる。その際、言語とコミュニケーションの機能が貢献することは言うまでもなかろう。

近年、脳科学の分野では「社会脳」という概念が重視されている。脳を単に生物的ないし生理的存在として捉えるのではなく、社会的存在として理解しようというわけである。そもそも人間各自の脳は単独で機能するものではなく、他者の脳との相互作用を通して初めてその潜在能力を発揮し、高度の心的機能を実現するのである。脳が「単独で働く」という見方は、意識ないし心が個人の内面に閉じ込められた主観的現象であるという観点と相即している。しかし実際には、脳の神経システムにおける情報処理は外部世界の情報構造の流入と他者との情報交換（コミュニケーション）なしには機能しないし、心も相互主観的（間主観的）なものであり、他者との交流なしには「私」という観念は生まれない。つまり、脳も心も社会的なものなのである。そして、この社会的な脳と心の生成を強くサポートしているのが「生きられる身体」の空間性である。

脳と生きられる身体の間には機能の循環があり、両者が一体二重性の形で協力しつつ、世界内存在としての人間の意識と行動と生活の基盤を形成し、能動空間の切り開きを実現せしめているのである。

4　身体の空間性と環境世界

これまでの論述から明らかなように、「身体の空間性」とは、身体の体積とか特定の三次元空間内での位置とかではなく、世界内存在としての意識的生命主体が身体的活動において能動空間を切り開き、かつ自ら切り開いた空間の意味を身体知の次元で理解することを意味する。「世界内存在」とはもともと主観と客観の対置図式を破壊するために作られた概念であり、自己と世界の一体性を含意している。

認識主観としての「私」が最初に在って、それが外部の世界や他者を知覚するのではない。「私」は最初から、既に世界の中に投げ出されていたのである。「他人とは違う自分」「私だけがアクセスできる自己の内面的意識」という主観的観念は実は後発のものであり、自他未分、主客未分の「他者との身体的交流」が原初的なのである。このことはハイデガーやメルロ＝ポンティだけではなく、ジェームズ、デューイ、ミードといったプラグマティストも強く主張している(3)。

「私」つまり自我の存在の意味の理解にとって「身体」というものは極めて重要である。また、それと同時に「世界への関与」や「内面性（主観性）に先立つ社会的交流」を身体性の次元で理解することも肝要である。「生きられる身体の空間性」という言葉に含まれる「生きられる」という形容詞は、こうした世界への関与の「脱内面的な主体性」を含意している。あるいは端的に「私が実際に命がけで行為している際の身体の動き」を指している。「命がけ」というのは少し大げさな表現だが、我々生物の日常の活動のすべては多かれ少なかれ「命がけ」のものであり、意識的・無意識的を問わず常に自己の生命の維持を狙って遂行されている。これは簡単に言うと「環境への適応」ということになる。そして、これに自己と環境世界が一体となって実現している「生きられる空間」の身体的理解が付け加わる。

我々が環境世界の中で行動するとき、我々は感覚器官を働かせて環境世界の空間を構成する事物や出来事を知覚し、それと同時に身体を動かしてその空間にはまり込む。行動の目的ないし行為の意図と知覚内容、並びにそこから生じる意識に応じて空間内での身体の活動は編成される。そのとき我々はまさに自己を囲む世界の空間を能動的に切り開きながら、それを生きているのである。「生きられる空間」とは、このような意識的身体活動によって切り開かれる「行為と運動の受容体」であり、「生きられる身体」と表裏一体の関係にある。

生きられる空間は、単に目の前に広がる特定の体積の三次元的な空間ではなく、我々の視線がいつも及ぶとは限らない地面や背後や上方をも含む「包囲的なもの」である。それはまた我々各自の重力と地球（大地）の引力の関係と相克をも含んでいる。また、それは身の回りの空気の状態（気温、湿度、風速、臭気、化学物質の浮遊など）とも関係する有機的なものである。さらに、我々の身体活動と行為の意図ないし行動の動機が及ぶ範囲に応じて、「生きられる空間」はその範囲が広がったり狭まったりする。この範囲の拡大と縮小に我々各自の意識的な身体の動きが対応していることは言うまでもなかろう。

我々は空間をもっぱら対象化して知覚するのではなく、それを身体的行為との連動において、まさしく「生きる」のである。この「生きる」という活動において空間と身体は一体二重性の協調関係にある。空間が先に在って、その中を身体が動き回り、それをビデオで撮って本人が後で自らの身体活動を確認する、というようなこととは全く質が違う。現在進行形で空間と身体が生命的に連動しており、世界内存在ないし環境世界内属的な存在としての「私」が「さりげない命がけの様態で」それを生きているのである。そして、本人にとって「生きている」という能動態を相互主観性の次元において定式化すると「生きられている」ということになり、無意識裡に連動していた空間と身体はそれぞれ「生きられる空間」「生きられる身体」というふうに受動態へと翻訳されるのである。本人にとってこの連動はあくまで自分が無自覚的に遂行している能動態の「生きること」として反省的に捉えられる。これは特に哲学的ないし心理学的考察に疎い一般人に見られる傾向であり、彼らは、この能動態が自己と世界の一体性の次元で捉え返されると「生きられる空間」「生きられる身体」というふうに受動態として表現されることをすぐには理解できない。あるいはせいぜい物理的客観性ないし実在性のない心的イメージないし主観的観念として捉えるのみである。

これは自己と世界の関係が主観対客観として固定化して捉えられているためである。こうした基本的偏向から精神と物質、心と身体、心理と物理といった関係項が二元論的に対置され、思考の貧困を招くことになる。現象学やプラグマティズムは生活世界や日常生活という人間的知の卑近な基盤に目を向けることによって、素朴な客観化的思考と科学への素朴物質主義的（フォークマテリアリズム的）盲信を戒めたのである。しかし、前世期の後半以降、科学はますます柔軟なシステム論的ないし創発主義的姿勢を身に着けてきており、複雑系としての生命現象の創発特性を脱二元論的に捉えるようになってきた。これはまだ十分洗練されていない未熟なものだが、とにかく従来の固い機械的因果性を核とする物質主義は衰退している。こうした傾向の中で脳科学は前述の「社会脳」という概念を重視するようになったのである。

脳は社会という生きられる空間の中で他の脳と相互作用することによってしか我々各自に「心」という現象を生じさせることはできない。ここで簡略化して単に「〈脳〉がうんぬん」というふうに書いたが、より厳密には「身体に有機統合された主体の志向性の器官としての〈脳〉」と常に理解しなければならない。「脳」は唯脳論的に他から切り離されたものとして理解されてはならず、常に身体と環境世界と他者との一体性において理解されるべき生命システム、情報処理の生きた中枢、つまり主体の志向性の器官なのである。

このように身体に有機統合され環境世界と連結した脳を中枢ないしセンサーとして、我々は他者との社会的交流ならびに自然との関係性において環境世界に能動空間を切り開き、身体的行為と生活を意識的生命主体として満喫しているのである。

注

（1）現象学的精神病理学の泰斗ブランケンブルクも晩年にこのことの重要性を示唆していた。Vgl. W. Blankenburg, Körper und Leib in der Psychiatrie, *Schweizer Archiv für Neurologie, Neurochirurgie und Psychiatrie, Bd. 131*, 1982, S. 13-39, Zum Leib-Seele-Problem in der Psychiatrie, *Aspekte des Leib-Seele-Problems*, Königshausen & Neumann, Würzburg, 1990, S. 207-221

また、拙著『時間・空間・身体――ハイデガーから現存在分析へ――』醍醐書房、一九九九年の第7章「ブランケンブルクにおける身体論と心身問題」を参照。

（2）アンリ・エー『ジャクソンと精神医学』大橋博司他訳、みすず書房、一九七九年を参照。

（3）ここに挙げられた哲学者の以下の著作を参照されたい。M. Heidegger, *Sein und Zeit*, M. Niemeyer, Tübingen, 1979、M・メルロ＝ポンティ『知覚の現象学』（I・II）竹内芳郎他訳、みすず書房、一九八五年、W. James, *Essays in Radical Empiricism*（伊藤邦武訳『純粋経験の哲学』岩波文庫、二〇〇四年、一四四ページ）、J. Dewey, *Experience and Nature*, Dover, New York, 1958（河村望訳『経験と自然』人間の科学社、一九九七年）、G. H. Mead, *Mind, Self and Society: from Standpoint of a Social Behavirorist*, The University of Chicago Press, 1967（河村望訳『精神・自我・社会』人間の科学社、二〇〇二年）

筆者はこれらの諸著作から強い影響を受けた。なお、神経学者W・フォン・ヴァイツゼッカーの『ゲシュタルトクライス——知覚と運動の人間学——』木村敏・濱中淑彦訳、みすず書房、一九九五年も身体と空間の関係を考える際、非常に参考になる。また、あまりに多いのであえて挙げないが、進化論、脳科学、分子生物学、心身医学、神経学などの諸文献が本章の構成に寄与していることを付記しておく。

第8章　意識と存在の関係を時空論から考える

はじめに

前に触れたようにドイツ語で意識のことをBewußtseinと言う。直訳すると「自覚態-存在」となる。つまり、意識という現象の中には存在も含まれており、「我在り」の自覚をもち、それに関心を向けることにおいて意識と存在が表裏一体の関係で統合されているのである。これは単なる言語的詮索ではなく、我々人間各自における意識と存在の統一性という現象そのものの本質を示唆している。そして、この統一性は一つの生命的現象として理解できる。

認知心理学によると意識には三階層がある。それは下から生物的意識としての覚醒、知覚・運動的意識としてのアウェアネス、自己意識としてのリカーシヴな意識という三つの階層である。あらゆる生物は生命をもち、それゆえ存在しているが、みな意識という機能を有しているわけではない。一応、脳をもつ生物のみに意識の機能があるとみなすのが、現時点での科学と哲学における共通認識となっている。しかし「意識」という概念の捉え方によって、それがどの生物にまで認められうるのか、という判断は違ってくるし、場合によっては生物の範囲まで超えて意識という現象が拡大的に解釈されることもある。深く意識について考えたことのない人は、直前に挙げた意識の三階層のうちでリカーシヴな自己意識だけを「意識」と受け取って、下の二階層、特に最下部の生物的意識を度外視する傾向がある。これは素人的な見解と言えるが、二元論や精神主義を信奉する哲学者にもこの傾向が見られる。「我思う、ゆえに我在り」と主張したデカルトはその代表である。デカルトは色々な意味で反面教師として役立つ。皮肉にも彼の思想を批判し否定していくと意識と存在の関係の本質が見えてくるのである。

そもそも「我思う、ゆえに我在り」という主張は根本的に間違っている。まず、意識を理性的思考に限定して、自覚的に反省される以前の行動的意識を度外視している。デカルトは意識を反省的に自覚される自己意識に限定して理解しているが、これは意識のもつ生物学的ないし生命論的裾野の広さに対しての盲目性を表している。意識に関するこの狭い見解（ないし独断）が災いして、彼は「存在」の本質からも遠く隔たる破目になった。つまり、彼は「存在」のもつ生物的性質ないし生命的本質を視野の中に確保できなかったのである。

生物としての人間の心的機能は生命を維持するための生活機能に密着したものであり、理性的思考や人間的感情だけに限定されるものではない。人間の心的機能には機械的要素や動物的性質も含まれているのである。覚醒とアウェアネスという意識の下層は、その最も分かりやすい例である。デカルトはこの下層を無視したがゆえに、意識と存在の関係を極めて狭窄した眼差しで捉え、自覚的意識優位の形で自己存在を理解し、「我思う」ゆえに「我在り」という独断的見解にはまってしまったのである。この存在理解を自己存在だけではなく外的自然界全般に適用すると、バークリを代表とする主観的観念論に行き着く。自己を含めこの世界のあらゆる事象は、それを知覚する主観の存在に依存する観念だというわけであるが、これによって「存在」は極限まで矮小化される。ちなみに、デカルトは物質的自然界には主観的観念とは別の独立的実在性を認める二元論の立場を取っていたので、そこまでは矮小化しなかった。

しかし二元論に弊害があることは、これまで何度も触れてきた。心と身体、精神と物質は二元対立の関係にあるのではなく、同じ一つの根源的存在の二側面として一体二重性の関係にあるのだ。そして、この根源的存在の原形式をなすものとして時間と空間がある。「根源的存在」とは我々各自を生かし、存在を付与しているものである。それが能産的自然の自己組織化活動であり、基本的に「場」という性質をもつことは前に指摘した。我々各自の意識活動もこれを基盤としている。つまり、能産的自然の生命的自己組織性が「身体に有機統合された脳」の神経システムによって分有されて、自我という核を伴った意識が創発する（立ち上がる）のである。その際、時間と空間という原形式も分有される。

以上のことを銘記して、意識と存在の関係を時空論の観点から考察してみよう。

1　内的世界と外的世界

意識と存在の関係を考えるにあたって、とりあえず両者を内的世界と外的世界に置き換えて、その関係を論じてみるのが得策である(1)。

一般に意識はその所有者のみがアクセスできる私秘的な内部世界であると思われている。それは、どこにあるのかを特定できず、取り出して見せることもできず、その大きさや重さを明示することもできない。一応、脳の内部での映像のように思われるが、その映像を眺めている主観が無限後退の形で想定されるので、結局その在り処を特定することはできない。こうして私秘的な内部世界としての意識は、単に対象化しづらい主観的現象であるだけではなく、意識の外部の物質世界の物理的性質とは根本的に違う特質をもっているように思われてくる。

よくあるナイーヴな見解として、「身体の内部の分子と原子、つまり物質組成の細部をくまなく探索したが、精神ないし心なるものはどこにも見出すことはできなかった。それゆえ、そんなものは存在しない」というものがある。しかし、そのように考える当人は自分の意識を働かせているわけであり、その意識なしにはそうした探索が不可能であることを本人は理解していない。ここには哲学の素人に特徴的な心身関係と存在論に関する無知が端的に表れている。哲学的考察に疎いほとんどの人は、主観と客観、内部世界と外部世界、精神と物質という対置図式を、深く吟味しないままに思考の前提的枠組みとしてしまい、このような初歩的ミスを犯してしまうのである。彼らは、自らが前提とした二元論的対置図式を行き当たりばったり使い、思考の一貫性を保てないでいる。その結果、あるときには唯物論的であるときは二元論的ないし精神主義的というおかしなことになる。物事の本質を捉えるためには、思考の筋道を整合的にする、しっかりとした概念把握と論理が必要なのである。また、哲学的な論理構成の他に科学的知識も要求される。意識と脳の関係に関しては特にそうである。

そこで、ナイーヴに捉えられた「内部世界」と「外部世界」は「内的世界」は「外的世界」という穏やかな比喩的概念に置き換えられた方がよい。というのも、一般に言われる内部世界と外部世界は、物質世界における容器の内部とその外部をモデルとして粗雑に理解されており、「対象化しづらい主観性としての心的内面界」と言う場合の「内面」性には適合していないからである。容器の内部と外部は単に境界ないし壁によって隔てられているだけで、それを取り払えば無差別なのである。しかし二元論に後退することは許されない。心的内面性と物質的外面性はどちらも統一的世界に関連したものとして理解されなければならないのである。その統一的世界とは、これまで何度も言ってきた能産的自然の世界である。生命的自己組織性をもつ能産的自然の世界において我々人間は、心と身体、精神と物質、内部と外部、主観と客観それぞれをメビウスの帯のように表裏一体のものとして経験する。自己の内面的精神世界が機械的な物質世界を外部のものとして眺めるというふうに、内的な精神世界と外部の物質世界が壁で隔てられるように対立しているのではない。能産的自然の生命的自己組織性は心の内部にまで浸透しており、外部の世界とは断絶などしていないのである。ただ、自己の生命維持と他者との社会的共同生活の円滑化のための内的統一性を保つべく、我々各自の心は一応内面性という性格を帯びているだけなのである。つまり「内面性」は、単純に外に対する内を意味するのではなく、意識の中枢たる脳のセルフ・モニタリング機能を示唆するための隠喩なのである。しかも意識と脳はどちらも世界関連的であり、環境世界から決して切り離されない。そして、環境世界の情報構造は脳の神経システムの構築に反映し、意識には環境世界からの情報が常に流入してきて、その内容が形成される。

要するに内的世界と外的世界はどちらも「世界」であり、情報構造を核とした組織体なのである。そして、その組織の基盤を形成するものは時間と空間である。我々の意識の内容と環境世界の出来事はどちらも時間と空間という原形式の上に形成されたものであり、この共通性によって相互に浸透し合っている。それゆえ、前述のように内的世界と外的世界は連続性をもっており、断絶などしていない。しかし、内面的意識の世界には「自我」という核があり、これが経験の主体として働くので、そうした核が見当たらない外的世界と質的に違ったものに思われることもまたたしかである。問題は、内部と外部（ないし精神と物質）が根本的に違う性質をもっているかどうかではなく、そうした経験の主体が「かけがえのない自己」として特殊な性質と特別の価値を有しているように思われることなのである。これは自己存在の意味への問いに直結するが、これまで何度も述べてきたように、その自己存在は外的な環境世界から決して切り離せないものであり、外部から隔絶した内部として理解されてはならない。そこで、肝心なのは自己存在をあくまでエコロジカルな次元で理解し、内的世界と外的世界の相互浸透性を常に顧慮しつつ、意識と存在の関係を問うこととなる。その際、トランスパーソナル・エコロジーの観点(2)も取り入れた方がよい。「かけがえのない自己」という概念はともすれば無世界的、独我論的となり、二元論的精神主義に流れやすい。しかし我々は、自らが能産的自然によって生かされて生きているという根本事実を銘記して、あくまで社会的な自己の存在の意味をエコロジカルな方法で脱独我論的に問わなければならない。そして、その問いかけに時間と空間の問題を組み入れ、自己と世界、意識と存在の関係を明らかにしていくべきなのである。

2　意識と存在

ここで改めて意識と存在の関係について考えてみよう。その際、死という現象に焦点を当てると話が分かりやすくなる。死は自己の存在が消滅することを意味する。しかも、それは他人事として客観的に見られた「絶命」の事実のみを指すのではなく、本人が生きたままで自己存在の消滅を危惧する「死の意識」と密接に関係している。そして、この「死の意識」を吟味すると意識と存在の絡み合いが見えてくる。

死は「私の存在が無くなること」を意味するが、「物事の価値や意味はそれが失われたとき初めて分かる」という原理に照らしてそれを再解釈すると、「死の意識」は存在のもつ価値や意味という側面に関わるものであることが判明する。前に何度も言ったように、「存在」は事物が単に空間内の一部を占有するという単純な事実を意味しない。存在は、世界との関連では知覚の先行条件を形成し存在物の現出を可能ならしめる「場」を意味し、自己との関連では意識と密着した「生命的価値」を帯びたものとなる。我々は能産的自然の生命的自己組織化活動によって生かされて生きているが、このことを自己と世界の関係に当てはめて存在論的次元で吟味すると、意識と存在の関係が自ずと見えてくる。

しかし、主観‐客観対置図式に即して意識と存在の関係を捉えようとしても的外れなものになってしまう。意識をもっぱら「世界を経験する主観性」の次元で理解し、存在をひたすら世界空間内の知覚の対象として客観性の次元で理解する姿勢は、自己と世界が能産的自然の自己組織化活動の中で一体二重性の関係になっていることから乖離しているのである。それゆえ意識と存在の関係は、主観と客観が分離・対立する以前の生《なま》の経験から捉えられなければならない。これはジェームズが言う純粋経験を範とする見解だが、これにデューイの自然主義的な経験概念とホワイトヘッドのプロセス的存在論の思想を加味すると実り豊かな議論が展開できる。そして、それを時空論と連携させていくのである。これによって、意識と存在の関係を時空論から考えることができるようになる。

意識と存在の関係を考える際には、意識に直接与えられたものから出発しても実り豊かな結論は得られない。我々はむしろ生《なま》の経験ないし純粋経験に着目しなければならない。「意識に直接与えられたもの」と「生《なま》の経験の原初的所与」は違うのである。意識に直接与えられたものから存在の意味を考えていくと、意識の主体たる「私」の存在が突出してきて、その他すべてのものの存在、ならびに存在そのものが主観性に吸収される形で矮小化されてしまう。つまり、存在が意識に還元されてしまい、存在のもつ普遍的意味が見失われてしまうのである。しかし、意識的主観性の確実性の信者はそのことに気づかず、意識への直接的所与に忠実であることこそ存在の本来的意味への最良の途であると信じて憚《はばか》らない。それに対して、能産的自然の自己組織化活動に直結した「経験」の原初的所与に注目すると、意識と存在の自然的関係が見えてくる。意識は経験の子分であり、意識のもつ主観的特性と自我的性質は主客分離以前の自然的経験から派生する二次的なものである。このことを意識と存在の関係理解に当てはめると、次のようになる。まず、自己の意識の内奥を深く探る形で存在の意味を考えると、「存在」のもつ自己的側面ばかりがクローズアップされ、あらゆる存在者に適用できる普遍的な存在概念への視野が狭窄してしまう。意識と存在の関係を考えようとする場合それでよいのではないか、と反論されそうだが、その場合ですら主観性への偏向は許されない。なぜなら、意識の本質は常に自然的経験との関連で理解されていなければならず、身体性と物質と環境世界から切り離されてはならないからである。これは「自己の死の意識」について考える際にも顧慮されるべきことである。

「私」は自然によって生かされて生きているのであり、意識の主観的構成能力によって世界と自己の存在を確保しているわけではない。そして、「私の死」も私独りのものではなく、生命の大いなる連鎖の一契機として、他者と自然から切り離してその本質を理解することはできない。死の意識はとかく自己の内面への沈潜に誘《いざな》いがちだが、死の意味は生命の意味の裏面に当たるので、常に自然界全体における生命の連鎖との関連を顧慮して理解されるべきなのである。ある個人(a)の死は別の個人(b)の生の存続によって贖《あがな》われ、(b)もいずれ死ぬが、その死もまた別の個人(c)の生の有限な存続によって贖われる。さらに(c)の死は(d)によって、(d)の死は(e)によって……。こうした個人の死を介した生命の相続によって、人類全体における生命の大いなる連鎖が継続していく。それはまた人類だけではなく自然界における全生物に当てはまることである。

我々の自己意識はその土台に自然と直結した生物的意識をもち、これによって自然的生命界における生命の大いなる連鎖へと直接アクセスできる。それは思考による抽象的把握ではなく、身体感覚による直接の把握(生《なま》の実感)である。それは生命感覚と言い換えられてもよい。そして、この生命感覚によって意識は「存在の自然」と一体となっているのである。ここで「存在の自然」と言う場合の「自然」はギリシア哲学における「ピュシス」であり、自然のもつ自己組織性、つまり「立ち現れつつ自己展開する生命性」を意味する。それはまた新奇への創造的前進をも意味し、空間的延び広がりと時間的進展を携《たずさ》えている。

本節では「死の意識」を端緒に据えて意識と存在の関係について考察してみたが、それは決して「死」という出来事への関心に偏向したものではなく、直前に述べた「生命の大いなる連鎖」と「存在の自然」へと導くための一契機にすぎない。ただし、普段ぼやっとしている我々の存在意識に活を入れるためには「死」という「のっぴきならない出来事」は重宝されるべきである、と思う。それはまた、後で詳しく論じる「失われた時を求める心」と

「永遠」という問題に深く関わるものである。

3　生の円環と時間の矢

我々各自の一生は限られたものであり、明確な終末を有している。霊魂不滅説や永劫回帰説は幼稚な幻想にすぎない。しかし、そうしたものとは別の意味で我々の生には死を超え永遠性が備わっている。それは前節の末尾近くで述べた「個人の死を介した生命の相続の連鎖」による「生の円環」の成立である。これは一見、回帰的時間概念に類似のものに思われるが、実は根本的に違う。回帰的時間概念は季節の循環のように同じパターンが無限に繰り返されることを意味する。つまり、それは終末の事実的否定である。それに対して筆者が主張する「生の円環」は、個的生命の終末（個人の事実的死）を認めつつも、それを「他なるもの」への脱自的契機とみなし、能産的自然の自己組織性に根差した「生命の大いなる連鎖」を示唆するものである。そしてその際、時間性だけではなく空間性も重要な意味をもってくる。

我々各自の生も自然全体の生命も「時間の矢」によって駆動される不可逆の前進性をもっている。回帰的時間概念は、この時間の矢を否定するものであり、この宇宙と我々の生に始まりと終わりがあることを曖昧にしてしまう。過去の事実は後で修正することはできないし、過去の失敗をなかったことにすることもできない。しかし、回帰論者は屁理屈をこねて「過去は取り戻せる」と言い張る。あるいは「過去という概念はそもそも幻想だ。なぜなら、時間は過去から現在を通って未来へと前進するものではなく、ひたすら循環し永遠に回帰するものだからだ」などと言い出す。これは「循環」とか「円環」という概念を「空間性を顧慮しない時間概念」から理解しようとして生じた浅はかな思想である。筆者が主張する「生の円環」は、時間の循環・回帰に着目して得られた概念ではなく、他者と環境世界という「他なるもの」との交流の空間性に深く根差している。

個々人の生は他なるものへと開かれ、ときおり自己の内面に閉じこもることはあっても、基本的に他者ならびに環境世界と常に情報を交換している。そうした中で各人は自らの時間を生きているのである。そして、その時間は不可逆の前進性と終末を有しつつも、空間的振幅を常に伴っており、他者と世界に対して開かれている。つまり、自己と他者、自己と世界の間には情報と生命のフィードバック・フィードフォワードのループが形成されており、このループが生の円環を意味するのである。そして、この生の円環自体が時間の矢によって駆動されて新奇への創造的前進を繰り返すのである。この過程全体が自然の自己組織性によって可能ならしめられていることは言うまでもない。それでは、意識と存在の関係を時空論から考えるという課題は、このこととどのように関係するのだろうか。また、「存在と時空」という根本テーマと意識の問題はどのように関係するのだろうか。それについて次に考察してみよう。

4　意識・存在・時空

「私はなぜ今ここに存在するのだろうか」という問いは、意識と存在の関係を端的に示しているが、同時に人間的生命の意味への問いと直結するものでもある。そして、この問いの中に含まれる「今ここ」という契機は、時間と空間が存在の意味と深く関係することを示唆している。さらに、人間的生命とは略して「人生」であり、件《くだん》の問いは人生の意味への問いでもあることは誰にでも分かることである。とすれば、意識と存在の関係は人間的生命のもつ時空的性質に着目して理解できるはずである。

「今ここ」という時間・空間的規定は、すぐに移ろいゆく儚《はかな》いものである。「今」と思った瞬間は文字通り瞬《また》く間に過ぎ去り、「ここ」という位置は自己の身体の移動とともに頻繁《ひんぱん》に移り変わり、絶対的「ここ」というものはない。そのつどの「ここ」があるだけなのだ。同様に絶対的「今」というものもない。そのつど意識される現在時としての「今」が点在するだけなのだ。このように、件《くだん》の問いの「今ここ」という契機は、そのインパクトの強さにもかかわらず、実は相対的なものである。しかし、自己の存在の意味を問う者はやはり「今ここ」という契機にこだわる。なぜならこの契機は、物体が時間の経過や三次元の空間の中でどの位置にあるのか、という事物的存在規定に関わるものではなく、自己の存在に関心をもつ「意識」と深く関係しているからである。

意識は、個体の成長の過程で発生するが、そのつどの現在において自己存在に強く関心が向かう形で、鮮烈な自覚クオリアを伴って突出してくるものでもある。換言すると、意識は生成し経過するものであるとともに、あるとき突如深みを増して存在の意味を問い始めるものでもあるのだ。「私はなぜ今ここに存在するのだろうか」という問いは、誕生から死に至る意識の経過の中で、意識がその再帰性（自己言及性）を最高度に発揮し、意識を超えた「存在」の意味を垣間見ようとして生じたものなのである。ここに意識と存在の深い接触があることは言うまでもないが、同時に「時間と永遠」という問題が潜んでいることに注意すべきである。

我々には生々流転を繰り返す世界の中で、どこかに恒常不変の価値を見出そうとする傾向がある。自己も世界も生成と変化を繰り返し、さらに生命あるものは必ずそれをいつかは失う。そうした中で何とかして永遠不動の価値を見つけようとするのである。しかし、そう簡単にそれは見つからない。謎は謎にとどまり、解決しないのである。ここでウィトゲンシュタインの言葉を再び引用しよう。

人間の魂の時間的な不死性、つまり魂が死後も生き続けること、もちろんそんな保証は全くない。しかしそれ以上に、たとえそれが保証されとしても、その想定は期待されている役目を全く果たさないのである。いったい、私が永遠に生き続けたとして、それで謎が解けるとでも言うのだろうか。その永遠の生もまた、現在の生と何ひとつ変らず謎に満ちたものではないのか。時間と空間の内にある生の謎の解決は、時間と空間の外にある。(3)

魂(精神)が物質としての肉体の解体後も実体として存在し続ける、という思想は古来西洋と東洋において伝承されてきた。現代において、その信奉者は少なくなったが、何らかの形で魂の不死性を求める傾向は民衆の中に残存している。ウィトゲンシュタインが批判しているのは、「永遠」というものを無限の時間の持続として捉える姿勢、ならびに魂を肉体から分離して二元論的に把握する傾向である。

「永遠」を無終極性として捉える姿勢は真の永遠性の理解からすると軽薄だというのは、深い哲学のもち主が古くから指摘してきたことである。前方に進む時間を無限に延長して、それをもって「永遠」とみなす姿勢は、時間と永遠の関係を根本的に見誤っている。それは永遠の本質のみならず時間の根源をも見失っている。時間の根源とは根源的時間性と言い換えてもよい。とにかく、時間と永遠の関係理解が軽薄なのである。

真の永遠性は「前方に進む時間の継続」という直線的な時間一元論からは理解できない。それは時間の経過にそのつど附帯する「横(ないし周囲)への超越としての空間性」を顧慮して初めて分かるものである。つまり、時間は常に空間と一体となって経過するものであり、永遠と時間の関係を正確に捉えようとするなら、第三項としての空間を無視できないのである。この点からするとウィトゲンシュタインの主張には瑕疵《かし》があるとせざるをえない。それは「時間と空間の内にある生の謎の解決は、時間と空間の外にある」とあっさり言い切ってしまう姿勢である。

我々の生は時間と空間の中にあり、それから一生逃れられない。そして、生の意味は謎に包まれており、普通の仕方では解決できないように思われる。そこで、おいおい人は時間と空間という足枷《かせ》を取り払い、その外に出ようとするのである。これは物質世界を根本的に規定している時空的因果連関の外に出ようとすること、つまり物質世界を超越して精神世界ないしそれに類したものに赴《おもむ》こうとすることに他ならない。これは比較的通俗的な考え方であり、ウィトゲンシュタインも批判している「永遠というものを無限の時間の持続として前方へと延長する姿勢」と同じ穴の貉《むじな》となってしまう。彼の言いたいことは分からないではないが、生の謎や存在の意味は単純に時間と空間の外に求められるべきものではなく、自然の恩恵としての生に内在するものとして、あくまで時間と空間の本質ないし根源を見極める姿勢で問い求められるべきである。実際、少し前後するが彼の同時代人としてのアレクサンダーとハイデガーとメルロ＝ポンティはそう考えた。

とにかく、時間と空間を超越しようとする姿勢そのものが、時間と空間という存在の根本構成要素から派生したものなのであり、自然内存在としての我々は決して自然の外に出ることはできないのである。しかし、意識のもつ悪しき自由は、夢見がちに自然の時空を超越しようとする。この傾向を何とかして打ち破り、我々の生ないし存在が能産的自然の自己組織化活動によって根底から支えられていることを各自が自覚しなければならない。そのためには通俗的超越の思想に傾きがちな意識を「根源的自然」とその中での「生命の大いなる連鎖」へと向け換えなければならない。

意識には「自らの内面に沈潜する傾向」と「自己の境界を拡張して他なるものへと延び広がる傾向」が併存している。我々が自己の存在の意味を問うとき意識が中心的役割を果たすが、前の傾向と後の傾向では問い方と答えが大きく違ってくる。内面に沈潜する方向性においては空間性を剥奪された時間の純粋持続のようなものが重視され、時間の独り歩きが始まり、己《おのれ》独りの存在の意味ばかりに関心が向かってしまう。そして、その傾向が極まると、魂の不死性の観念を伴う通俗的な永遠性の理解が生じる。これでは存在全般の意味が視野の外に置かれてしまうとともに、自己の存在の意味も主観性の檻に閉じ込められてしまう。それに対して、自己の周囲の他なるものへと延び広がろうとする方向性においては自己の時間性が環境世界の空間性と有機的に融合し、自己の存在の意味がトランスパーソナル・エコロジー的な観点から把握されるようになる。これを筆者の言葉で表現すると、「意識が自己の内面を脱して、根源的自然と生命の大いなる連鎖へと向け換えられる」というふうになるのである。それでは、このこととの関連において前述の「今ここ」という契機はどのように理解されるであろうか。

時間の無終極性という悪循環から「永遠の今」という垂直的超越の方向へと脱出しようとする思想は昔からあった。ウィトゲンシュタインの主張の趣旨もまさにそうである。しかし、いくら垂直的超越を夢見ても、「今」は常に非垂直的方向に推移し、「現在」にはいつも過去と未来がくっついて離れない。つまり、内面的意識がいくら周囲世界を無視して永遠の現在における垂直的超越を志向しても、自己の存在は生成的自然界の時空構造に深く根差しているので、それは結局夢想に終わるのである。それゆえ「今ここ」という意識の自覚クオリアが頂点に達する存在の契機を有意義なものにしたいなら、それを生成的世界における「経験の契機」として捉え直した方がよい。つまり「今ここ」という存在意識を生成の中にはめ込み、過去と未来、ならびに周囲の空間と有機的につながるための契機として捉えるのである。

意識が経験を可能ならしめるのではなく、経験が意識を可能ならしめている。つまり、経験は意識に対して上位にある。意識は内面性と主観性という性格が強いので「今ここ」へと収縮しやすいが、経験は生成的自然と直結したものとして「今ここ」を超えて過去と未来、ならびに周囲の空間へと広がっていくのである。存在と意識の関係を問い、意識の重要性を指摘する際にも、意識と経験のこうした関係は常に顧慮しなければならない。そして、それは前節で述べた生の円環と時間の矢の一体性を理解することにつながる。

意識は生命の表れとして理解できるが、その生命が個体の内部に幽閉されずに周囲世界と空間的に融合し円環を形成している。経験は生命と相即しており、意識が経験に追従しようとするなら、自己の内面性を脱して生の円環を満喫できるのである。また、自己と世界はどちらも時間の矢によって駆動される生命性をもっている。意識の時間性は、自然的世界がもつ時間の矢を分有したものであり、前述のように若干逸脱することはあっても、同じ性質によってその基盤が形成されている。そして、生の円環と時間の矢は一体二重性の形で融合している。これは一般に言われる時間と空間の融合と相即する事態である。意識と存在の関係を時空論から理解しようとする際、こうしたことを銘記することが最良の結論に導くことになるであろう。

注

（1）こうした考察のために大変参考になる文献として、L. Ciompi, *Außenwelt-Innenwelt — Die Entstehung von Zeit, Raum und psychischen Strukturen*, Vandenhoeck & Ruprecht, Göttingen, 1988が挙げられる。チオンピはシステム論の影響が強い哲学好きの精神医学者だが、この文献では物理的世界と心的世界（つまり外的世界と内的世界）を時空論の観点から統合的に捉えようとしている。

（2）この観点を知るための最良の手引きとして、W・フォックス『トランスパーソナル・エコロジー——環境主義を超えて——』星川淳訳、平凡社、一九九四年を参照されたい。

（3）L. Wittgenstein, *Tractatus Logico-Philosophicus*, 6. 4312（野矢茂樹訳『論理哲学論考』岩波文庫、二〇〇四年を参照）。

第Ⅲ部　存在と時空

第9章　失われた時を求める心と存在の意味への問い

はじめに

我々が自己の存在の意味を問い求めるとき、これまでの生活の履歴と過去の記憶が必ず関与する。プルーストが大著『失われた時を求めて』を自己の人生の総決算として書き始めたとき、彼は過去の記憶を掘り起こし、その中に存在の意味に当たるものを見出そうとしたのである。その際、彼は無意志的記憶の再生能力に身をゆだね、現象学者が思考の中核に据えるような超越論的主観性による意識の明証性に頼ることはなかった。つまり、四〇歳ないし五〇歳の時点における「現在の意識」のもつ明証性を梃子《てこ》にして、過去の記憶を掘り起こそうとはしなかったのである。

たとえば、五〇歳の人がその人なりの「五〇歳の意識」の観点から、自らの幼児期、少年期、思春期、青年期、壮年期というふうに記憶の糸を辿っていく際、近い過去から遠い過去に向かうにつれて、その記憶が「五〇歳現在の意識」によって加工・粉飾され、原型を損ないがちとなる。五〇歳現在の意識によって再現された七歳頃の記憶は三〇歳頃の記憶よりもその原型度が低くなるのである。つまり、五〇歳現在の意識による過去の記憶の再現は、三歳頃から現在に至る四七年間の意識の履歴の通覧なのだが、意識は経年的に変化・成長するので、現在時の意識による過去の意識の想起は現在時の意識に引き寄せられる形で脱原型化されざるをえないのである。こうして、現在の超越論的主観性の意識による過去の記憶の再現、つまり「意識の考古学」は挫折することになる。

しかし、我々は人生行路のそのつどの現在において過去の記憶に関心が向かい、「失われた時」を求め、多くの場合感傷に浸る。しかし、ただ感傷に浸るだけではなく、その「失われた時を求める心」を「存在の意味への問い」に何とか結びつけようとすることもある。それは存在の取戻しであり、存在の意味の回収である。そして、ここでまた「生命」という事象が浮き上がってくる。

本書において筆者は繰り返し存在と生命の関係を論じてきた。その関係をここでは「失われた時を求める心」に結びつけて再考察しようと思う。

我々はなぜ「失われた時」を求めるのだろうか。それは、成し遂げることができなかったことへの後悔の念が引き金となっていることもあれば、かつて栄華を極めた頃のことを想い出し、それをもう一度味わいたいという欲求に駆られて、ということもある。いずれにしても、既に起こってしまった過去の出来事（つまり事実）は、いくら想像力を駆使しようとも変えようがない。しかし、それにもかかわらず我々は「失われた時」を求める。ということは、この求める心は、単に過ぎ去った事実としての過去をそのまま現在において再現しようとか、それを消し去ろうとか、変更しようとか、しようとしているのではなく、もっと深いことを志向しているのである。それは本当の意味での存在の取戻しであり、それを通して生命の根源的意味を看取することである。つまり、変更できない過去の事実はそのまま引き受け、将来ないし未来に向けて自己の可能性を投企し、それによって真の自己を実現しようとすることによって、この世に生まれた自己の存在の意味を取り戻そうとするのである。これがそのまま生命の意味の感得に当たることは言うまでもない。ただ、ここで注意してほしいのは、将来ないし未来に向けての過去の清算は、自己の死で完結するわけではなく、自分の子供や孫や他者という次世代にも連なるものだということである。すなわち「生命の大いなる連鎖」に向けて、自己の過去を未来に向けて精算し、生きている限り真の自己を実現しようと努力するのである。

筆者は数年前から「生命の大いなる連鎖」ということを自分の思想の看板に掲げ、それをめぐって思索を展開し、哲学を構築してきた(1)。そして本書では「生の円環と時間の矢」ということを軸として「存在と時空」という大問題に取り組んでいる。この姿勢を今、「失われた時を求める心と存在の意味への問い」という問題に適用しようと思うのである。

とはいえ、いきなり高度な問題に取り組むことはよして、まず誰もが思い浮かべる一般的な意味での「失われた時を求める心」について考えてみよう。

1　一般的な意味での「失われた時を求める心」

今日は二〇一五年六月一四日。実は昨日、筆者は二〇〇四年の三月まで住んでいた地域を三時間程散策してきた。そこは東京都の北区から板橋区にかけての一角であり、一八年近くも住んでいた想い出深い土地である。そこから埼玉県に転居して来て一一年になるが、ときおり気が向いたとき、想い出に浸るために出かける。これはまさに一般的な意味での「失われた時を求める心」のなせる技である。

ＪＲ埼京線の十条駅を降りると、懐かしい光景が目に入ってくる。一年か二年に一度は訪れているのだが、いつもまず「懐かしい」という感慨が湧き上がってくる。その際、その感慨は必ず一一年前（より正確には一一〜二九年前）の記憶に駆り立てられたものであり、転出後に訪れた際の印象は関与していない。なぜ、近い記憶よりも遠い過去の記憶の方が再訪の際により鮮明に蘇るのだろうか。それは時間間隔の問題ではなく、その場所に住み長年親しんだ記憶の方が空間的色彩を帯びて自己に親密な形で残るからである。つまり、かつてその土地に身体的に投錨していた自己の意識が、記憶に場所的性格が付与される形で、時間間隔を超えて再訪の際に再現されるのである。ここで記憶の時間性が空間性と密接に関係し、「失われた時を求める心」が存在の場所的性格と深く絡んでいることが仄《ほの》かに見えてくる。そして、それは「存在と時空」という大問題に連なっていく。しかし、ここはまだそうした存在論的問題に真っ向から取り組む場ではなく、一般的な意味での「失われた時を求める心」を哲学の素人にも分かるように説明する場である。そこで話を前に戻そう。

　十条駅を降りると、十数年前とほとんど変わらない光景が目に入ってくる。しかし、よく見ると細部は違っている。たとえば、かつて書店であったものがドラッグストアに変わっていたり、飲食店であったものが不動産屋に改築されていたりする。しかし、どの土地でもそうであるように一〇年や二〇年では暖簾《のれん》を下ろさない店舗が三分の二以上を占める。特に古い街である十条ではその傾向が強い。駅の周辺と商店街を歩いてみると、かつてよく通った飲食店や商店や理髪店がそのまま残っている。その想い出は、半年前に一時的に再訪したときのものではなく、かつてその土地に住み、生活していたときのものである。その期間の記憶は場所的性格を帯び、その土地の空気に包まれている。私はその土地に身体的に投錨し、喜び、悲しみ、希望、落胆、快活、抑うつ、といった周期的に変化する感情を携えて、その土地での生活を送ってきたのである。また、これに体調の変化という要素も加わる。健康なときも病気のときも私はその土地の空気に包まれ、時間を費やしてきたのである。非常に体調が良い時期が長く続いたこともあれば、慢性疲労からくるうつ状態で数ケ月体調と気分が優れないときもあった。そして、そのどちらの場合にも、その地域の空気と風景は私をやさしく包み、記憶に痕跡を遺している。

その地域に住んでいた一八年間の出来事はもう二度と帰ってこない。記憶は残っているが、事実として再現されることは絶対ないのである。もちろん、忘れてしまいたい忌々しいことも多々あった。しかし、それ以上に楽しかった懐かしい想い出があるのだ。

我々が、このようにかつて住んでいた土地を訪れ、想い出に浸りつつ記憶を再現しようとするとき、まさに失われた時を求める心が働いている。それは、かけがえのない自己とそのかけがえのない過去が、二度と取り戻せない貴重なものとして、現在の自己の意識にその意味を突出させてきたことを意味する。そして、この「二度と取り戻せない」ということは、過去の一定の期間の記憶を超えて、自己の人生全体にまで及ぶ。つまり、過去の記憶に感傷的に浸り、それを取り戻したいのだが取り戻せない、という一般的な意味での「失われた時を求める心」の背景には、この世における自己の生命ないし存在の意味への問いが控えていたのである。しかし、ほとんどの人は哲学的存在論に疎いので、ただ漠然と過去を懐かしみ、それを取り戻せるなら取り戻したいものだという感傷に浸るのである。あるいは、その逆に後悔の念が絡みついた失敗の履歴を消去し、過去に戻ってやり直したいという空しい希望を抱く。いずれの場合も、事実として再現したり修正したりすることが不可能な過去ないし自己の履歴に関心が向かい、それをそのまま将来に向けて請け負う、という姿勢がない。

要するに、存在論的に深い意味での「失われた時を求める心」は、過去の履歴を修正不可能な事実として素直に受け入れつつ、その履歴への関心の背後に死すべき有限な自己存在の意味の希求が控えていることを看取し、存在と時間の関係の一側面を理解しようとするものなのである。それに対して、一般的な意味での「失われた時を求める心」は関心が過去の再現ないし修正に限定され、思考が論理的というよりは感情的（ないし感傷的）になっている。

このように言うと、多くの人の抱く「失われた時を求める感情」が馬鹿にされているように感じるかもしれない。たしかに、この一般的な感情は深みがないが、存在論的に深い「失われた時を求める心」と決して無縁のものではなく、それへの登竜門としても理解できるのである。哲学は万人のものであり、特殊な学問的訓練を受けた者だけが行使できるものではない。自己の存在の意味への関心が少しでもあるなら、いかにナイーヴな問いかけであっても、それは哲学の原型とみなせるのである。それゆえ、筆者がかっての想い出に言及しつつその概観を示した一般的な意味での「失われた時を求める心」は万人を「存在と時間」ないし「存在と時空」という問題に誘《いざな》うための格好の契機となるのである。

そこで、もう少し多くの人が率直に抱く「失われた時を求める心」について考察してみよう。

2　後悔の念と過去への関心（還帰）

失われた時を求める意識には過去の自己に対する後悔の念が附帯していることがよくある。そもそも何かが「失われる」ということは「取り返しがつかなくなった」ということであり、必然的に後悔の念の結びつきやすいのである。後悔の念は基本的にネガティヴな感情である。しかし裏を返せば、何かポジティヴなものを求めているからこそ、そうしたネガティヴな感情ないし意識が生じるのである。つまり、失われた時を求める意識が後悔の念と結びつきやすいのは、我々がそうした感情の中で過去を清算し、存在の意味を再吟味しようとしているからである。それは自己の履歴の回収であり、「存在」の取戻しである。ちなみに、言うまでもないが、ここでの括弧つきの「存在」は「意味」を含蓄したものであり、単なる事物的存在性を指すものではない。

前にミヒャエル・エンデの『モモ』に出てくる「時間泥棒」のことに触れた。それは、日々の生活に追われつつ、自己の在り方を反省する暇もない現代の一般市民が、自己の存在の本質的意味を形成している根源的時間（性）を時間泥棒によって剥奪され、真の自己を見失っていることを暗示するものである。もちろん、生活のためには我を忘れた仕事への専心が必要であり、四六時中自己の存在の意味を考えているわけにはいかない。しかし、三六五日、二四時間すべて仕事に縛られているわけではなく、余暇ないし空き時間はふんだんにあるのだ。「仕事への逃避」という言葉あるが、ワーカホリック（仕事中毒）になって自己と向き合うことから逃走しているのではないか、と言いたくなる。

自己と向き合うのは、ある意味で非常につらいことである。特に外向的で社交を好み孤独を嫌悪する人の場合、それは真っ暗な空間に閉じ込められるような閉塞感を引き起こす。そうした人たちは、自己と向き合って、陰鬱な気分になるくらいくらいなら、友人や同僚や家族や顧客と会話して、気を散らしていた方が余程楽しいであろう。しかし、それは裏を返せば、自己と向き合うことから逃避し、時間泥棒の思う壺《つぼ》となっているのである。

前に意識と存在の関係を考察したが、「後悔の念と過去への関心」という問題も意識と存在の関係を現在と過去の関係という時間性の様相から解明しようとして発生したものである。つまり、現在の自己意識が過去の自己存在の履歴を反省し、その意味を読み取ろうとしているのである。それでは、なぜ過ぎ去ってしまった事柄に関心をもち、それを修正したり改変したりしようとする欲求が生まれるのだろうか。それは、人間的自己が常に生命的情報処理システムとしての脳の働きによって自らの意識と在り方をモニターし、自己の生命システムの状態を安定させようとしているからである。過去の失敗や挫折や事故は、これからの生活において繰り返されないように記憶されており、その記憶内容は現在の意識が行動を起こす際、常に参照される。ここで「現在の意識」と言ったが、それは過去と未来から切り離された単独の「今」の意識ではなく、過去とのつながりにおいて未来を予想する脱自的振幅をもった「プロセス的現在」の意識である。

そもそも未来ないし将来への関心を欠いた現在の意識というものはないし、それを欠いた後悔の念や過去への関心もないのである。換言すると、後悔の念は自己が成長しようとする意識の表れであり、「これまで」と「かつて」の失敗や不備は今後繰り返してはならないものであり、「これから」やり直さなければならないものなのである。このことがプロセス的現在の意識に常に付きまとっている。

意識の流れは生命のプロセス的性格を反映したものであり、その大元には宇宙の大生命がもつ「時間の矢」が控えている。「宇宙の大生命」は「存在そのもの」と言い換えてもよいものであり、それらの基幹たる「時間の矢」が個別的自己の存在によって分有され、各自の意識に反映するのである。アレクサンダーが主張したように、この大宇宙ないし自然的世界は時-空という根本構造を基にして、完成態を目指して創発的に進化するのである。(2)そこには自然の自己組織性が常に関与し、特殊なアルゴリズムが働いている。アルゴリズムは一般には問題解決の手順を意味するが、この場合には自然界の物理的システムや生物界の生態的秩序が一部乱れたり破綻したりした場合、自動補正ないし自己修復する自然の内在的自己組織性を指す。この働きは人間社会にも反映し、エリッヒ・ヤンツが主張したように、自己組織化する宇宙は自然と生命と社会が三位一体的に統合した創発的進化の様態を示すのである。(3)

我々各自は常に自己の在り方に関心をもち、存在ないし生命に根差した意識の働きによって自己に配慮している。過去の行為に対する後悔の念は、この傾向から生まれる。自己の生命を維持し環境に適応し他者との社会的共同生活を維持するためには、常に行為を適正なものにするために意識を働かせなければならない。そして、意識は時間性によって規定されるプロセス的なものである。

「あのときああしておけばよかったのに」という後悔の念は、それを反省する現在の意識が「再び現在になる未来」に向けて克服されるべきものである。それは、単に過去を仮想的に修正することではなく、過失ないし不満足をそのまま受け入れ、自己ベストを尽くして未来に向けて挽回することを意味する。これによって我々は自己の全存在を肯定する可能性に直面し、自己の存在の意味を「一見忌々しい過去」から吸引するような形で取り戻すことができるのである。それは真の自己実現であり、本来的自己への還帰である。そして、この本来的自己への還帰は、自己の存在の根源（ないし魂の故郷《ふるさと》）としての自然に還ることを意味する。この際、過去は単に「過ぎ去ったもの」としてではなく、自己を生み出してくれた大元としての能産的自然の時間様態として理解される。つまり、自己を自然の大生命の大河へと合流せしめ、宇宙の創発的進化の流れを分有する時間的存在として自己を認識するとこを可能ならしめるのである。

3　未来からの逆ベクトル

普通、時間は過去↓現在↓未来というふうに前進的に経過するものと思われている。まさにその通りなのだが、自己存在の意味に関わる意識の時間性の観点からすると、そのように一義的に割り切ることはできない。未来を予期する現在の意識において過去と現在の自己存在の意味が「未来からの逆ベクトル」によって捉え返されるのである。

日本語では未来は将来とも言い換えられ、「未だ起こっていない出来事」ないし「これから起こるであろう出来事」を意味するだけではなく、現在に向かって「将に来たらんとする運命的出来事」も含意している。それは前方から今いる時点に向かって到来する出来事のもつ逆ベクトル性、つまり未来↓現在という方向性を示唆している。さらにこの逆ベクトルは過去にまで及び、未来↓現在↓過去という到来的生成の時間性を形成する。しかし、この逆ベクトルの方向性は、前進性に対する後退性を意味するものではない。精神錯乱によって時制の把握が破綻し、時間の流れと方向性を取り違えた、などということではないのである。力学上の事例が示しているように作用には反作用が常に付きまとっている。過去↓現在↓未来という前進的経過は、それを常に気にかけつつも、この経過の中心たる「現在」に立ち止まって全体的プロセスを鳥瞰《ちょうかん》している「意識」によって、未来→現在→過去という逆方向性のベクトルをもつことが感得されるのである。

西洋において時間について初めて体系的に考察したのはアリストテレスである。彼は当時の自然学（つまり現代で言う物理学）の舞台において時間を物体の運動・変化に即して理解しようとした。古代ギリシアの自然学には既にデモクリトスの原子論的唯物論の思想があったが、それは自然的世界の変化と生成を度外視する静止的な世界観であり、目的論的な有機的自然観を排除するものであった。これは世界の根本形式として空間のみを過度に重視し、物理的自然界における時間の意味を無視しているものとみなされる。生々流転を繰り返す有機的自然界の根本形式は時間と空間が結合した時‐空として理解されるべきなのである。

また、アリストテレスは基本的に物体の運動と変化、ならびに自然界の生成過程に即して時間というものを理解しようとしながらも、結局はそれらを観測・知覚・把握するプシュケー（心）の関与が不可欠なものと断定した。プシュケーとは要するに観測主観のことである。彼は「時間とは以前と以後という観点から捉えられた運動の数的性格」と規定しながらも、「プシュケーが存在しない限り、時間は存在しないであろう」と言い切っている。[4] これは時間がそれを感じる主観の存在に依存する主観的現象だということを意味しない。生命的存在として時間に関心をもつ人間の意識が、生成的自然界における物体の運動や物理的変動にその意識を投げかけて、「時間」という概念を生み出すのである。つまり、時間という概念は「人間の生命的意識」と「有機的自然の生成」の共鳴から創発するのである。ここには認識主観の優位性はなく、意識と世界の共同存立機構が枢軸となっている。

未来からの逆ベクトルという概念は、この意識と世界の共同存立機構に照らして理解されるべきである。それはまた有機的自然界の核心たる「時間の矢」の反作用を意味する。つまり、自己の人生も世界の出来事も一回限りで後戻りできないという意識があるからこそ、人間各自は未来を全くの未知としては捉えず、現在と過去との関係において有意義なものにするためにそれを建設的見地から展望するのである。これが本来「生成」というものに備わる「前進的引き込み」というものである。そもそも生成的前進というものは目標（矢にとっては的）をもっており、ただ闇雲に後ろを振り捨てつつ前に進むことを意味しない。それは宇宙の物質進化、生物進化、社会の発展、個人の成長すべてに当てはまることである。未来における創造的達成が過去の努力の蓄積の上に成り立つこと、あるいは未来における新奇な出来事の創発（予知できない事象の偶発）が過去の過程を通して初めて可能となることは、生成的進化というものが常に「過去を回収しつつ前進する時間の矢」を核とすることを示している。そして、それを人間の生命的意識が「未来からの逆ベクトル」として感得するのである。

4　過去と未来は実在するのか

時間の三つの時制に照らして言うと、実在すると確言できるのは「現在在るもの」だけである、という考え方が一般に流布している。ここで端的に「現在」とは言わず、「現在在るもの」と言った。そもそも時間は物体的存在者ではないので、それを構成する「現在」という時制に関して直接それが「存在する」とか「実在する」とかいう議論をすることはできないのである。厳密に考察しようとするなら、まず「現在在るもの」とか「現在起こっている事象」と言い換えるべきである。これは過去と未来に関しても同様であり、「過去と未来は果たして実在するのだろうか」と直接問うことはやめて、「過去在ったもの」や「過去の出来事」、「未来に在るであろうもの」や「未来の出来事」の存在ないし実在性を問うべきである。ちなみに「過去と未来は実在するのだろうか」という問いは暗黙裡にこのことを前提しているので、それほど神経質にならなくてもよいであろう。しかし、厳密に考えたいなら、やはりこのことは銘記しておかなければならない。

最初の問いに戻ろう。

果たして実在するのは現在起こっていることだけであり、過去と未来の出来事は「実在する」とは確言できないのだろうか。そもそも「現在」とは何であり、「現在起こっていること」とは時空的にどの範囲のものを指しているのだろうか。時間は不断に経過し、「今」ないし「現在」は絶え間なく「次の今」ないし「次の現在」に移り変わる。すると、一見「現在」なるものは幻であり、「現在そのもの」などというものは存在せず、ただ「現在という意識」があるのみだ、と思われてくる。たしかに、アリストテレスが最初に言ったように、心（意識）が存在しない限り時間は存在しないのである。しかし、意識は自然的世界と隔絶した内面的観念ではなく、物理的世界事象と共鳴することによって時間という現象を生み出す開かれたシステムである。そして、物理的自然界は静止的なものではなく生成的なものである。時間を構成する過去・現在・未来という三つの時制は自然的世界の生成的存在特性から理解されなければならない。また、時間を知覚しその意味を自己存在に関係づけて理解する人間の意識も生成的なものであり、自然的世界と共鳴しつつ過去と未来の存在を現在の意識によって、まさに「生成的なもの」として捉えているのである。

ここで、過去と未来の存在が生成的なものである、という点が重要である。過去と現在と未来はそれぞれ分離した個別の領域をもつのではなく、一つの生成的事態の中で相互浸透的に統合しているのである。また、世界は物ないし粒子の集合体ではなく、出来事の集積体である。しかも、その集積性は過程的連続性という性格を帯びている。それゆえ、過去の出来事は現在の出来事ならびに未来の出来事と過程的連続という相互浸透的統合性をもっているのである。ホワイトヘッドが主張するように、この過程的連続の生成的事態がそのまま実在（reality）なのである。(5)そして、この観点に照らして言えば、過去と未来は実在するのである。

存在論に疎い一般の人は、過去に火事で消えてしまった家屋などの例を思い浮かべて、過去はもはや存在しない、と考えてしまう。また、高層ビルが建設予定の更地を見て、未来はこれから実在化するのであって、現時点では存在するとは言えない、と思ってしまう。しかし、それは「存在」というものを「現在において知覚対象が空間の一部分を占有すること」という観点から理解する傾向に由来する思念であり、空間が時間と一体になり過程的生成の場を形成する「実在（realty）」つまり「現実性（reality）」という意味での存在の概念に対して目が開かれていないことを示している。そして、過去の火災と未来の建設は現実のものであり、決して架空のものではない。この意味でも過去と未来は実在する、と言えるのである。

5　意識・記憶・存在

我々は過去を脳内の記憶システムに保存し、喪失してしまったものや失われた時をときおり想い起こす。そして、それを現在の意識によって再現し、未来に向けて活用しようとする。こうした記憶の時間性は我々の生の在り方を端的に示すものであり、自己存在の意味を構成する重要な契機となっている。これまで何度も意識と自己存在が密接に関係していることを説明してきたが、ここで意識と記憶と存在の三者関係が浮き上がってきた。

意識と記憶が親密な関係にあることは誰もが認めることであろう。認知心理学的に言うと意識は注意と短期記憶の共鳴が基盤となって発生し、これが現在における対象の知覚を確固たるものとし、かつその知覚作用を行使しているのは「私」だ、という自覚を供与する。他方、視点を対象の知覚から自己の内面ないし自己の存在そのものに移すと、長期記憶が思考にまとわりついてくる。その際「私はなぜ今ここに存在しているのだろうか」という問いが「私は過去長い間このようなことをしてきたが、それは現在の自分の在り方にとってどのような意味をもつのだろうか」という問いに敷延される。さらにそれは未来の自己の在り方への憂慮にまで進展し、過去・現在・未来を貫く自己存在の深い意味への思索に導くことになる。

このように記憶というものはもっぱら過去に関わるのではなく、現在という視点を介して未来にも延び広がっている心的機能なのである。ただし、記憶にとって過去という契機が最も重要なことに変わりはない。そして、記憶は意識の働きに常に強い影響をもち、自己の存在の意味を省察する際その影響は極まり、「自己は本来どこに帰属するのか」あるいは「私の魂の故郷《ふるさと》はどこなのか」という問いを誘発する。こうした問いは結局、自己存在の意味への問いから存在全般のそれへと深まり、存在そのものの深い意味に対して目を開かせてくれる。

ところで、なぜ我々に記憶という心的機能が備わっているのだろうか。それは心理学や認知科学や脳科学の視点から説明できると同時に生物学的観点からも論じることができる。その際、遺伝と生物進化という点に着目すべきである。

我々の記憶は単に個人の生活史に依拠しているのではなく、遺伝子に刻まれた人類進化七〇〇万年および地球上の生命進化三八億年の歴史を背景として成り立っている。個人の心的生活の歴史において獲得された価値観や世界観や感覚の嗜好の背景にはこれらの歴史が遺伝子を介して常に影響を及ぼしている。(6) これは結局、記憶の精神性の背景に記憶の自然性が控えていることを意味する。そして、このことは意識に対しても言えることである。こうした自然性を基盤とした心的機能としての記憶と意識が、二元論的自己把握（自らが物質的自然から切り離された精神的実体であると思い込むこと）を乗り越えつつ、自己存在から存在そのものの深い意味へと思索を深めるとき、意識と記憶と存在の三位一体構造が自然性に基づいて理解されるようになる。ちなみに、この「自然性」が「能産的自然の自己組織性」を意味することは、これまでの論述から自ずと分かるであろう。

6　失われた時を求める意識と存在の意味への問い、あるいは根源的自然への還帰

我々は自己の存在の意味を問うとき、意識を働かせ記憶を駆使する。そして熟考に至る。省察あるいは瞑想と言ってもよい。そうしているうちに自己の過去に何か不備や欠陥があるように思われてくる。これは不満の念であり、先述の後悔に当たる。それに対して、現在よりもはるかに健康で活力に満ち、享楽と栄華に満ちた過去が想い起こされるときもある。いずれの場合も過去は文字通り過ぎ去ったものであり、もはや取り戻すことはできない。再現しようと企てても無駄である。しかし、過去の記憶の中で印象深いものはいつまでもその後そのつどの「現在の意識」に残り、自己の生の価値や存在の意味の感得に影響を与え続ける。そこで、失われた時を回顧しつつ変えようのない過去をそのまま受け入れ、自己の帰属先としての「存在の意味の源泉」を見出す姿勢が要求されることになる。

なぜ我々は、変えようのない過去を悔んだり、再現できない栄光の過去を懐かしんだりしつつ、「失われた時を求める」という欲求に駆られるのだろうか。それは、「失われた時」というものが単なる過去を意味せず、我々がそれによって生かされて生きている「自己の帰属先」を示唆するものだからである。それはある意味で超-過去である。時間経過の中で先にあるだけではなく、自己の帰属先としての存在の根拠を暗示しているのである。とすると、失われた時を求める意識は単に過去を懐かしんだり再現しようと目論んだりするわけではなく、超-過去としての自己の帰属先を探索していることになる。そして、その探索意識は存在論的である。つまり、過去の履歴を振り返りつつも単なる過去を超えた「自己の存在の根拠」を求めているのである。

ところで、前述のように我々各自を生かしているのは能産的自然の自己組織性である。我々は、この生ける自然

から生命性を分有しつつ世界の中に存在している。そして、それは我々各自の意識にも反映する。「なぜ私はそもそも存在するのだろうか」あるいは「私は何のために生きているのだろうか」という自己存在への問いは、超-過去としての自己の存在根拠を探索しているのだが、その際「失われた時を求める意識」は単なる時間系列ないし記憶の履歴の根底をかいくぐって、我々がそれによって生かされて生きている能産的自然の自己組織性に辿り着こうとする。これは、失われた時を求める意識が同時に失われた自己を求めていることを示している。「失われた自己」とは単に過去になってしまった自己のことではなく、日常生活の時間経過の中で見失われ、忘却されてしまった真の自己、本来の自己を意味する。それは、我々人間の真の存在根拠に根差した「自己」である。そして、その真の存在根拠というものが能産的自然の自己組織性に当たることは、これまでの論述から自ずと分かるであろう。

こうした自己存在の根拠への問いが「失われた時を求める意識」の中核に存することを顧慮すれば、その意識が単なる過去の回顧を志向していないことは明白である。自己は過去→現在→未来という時間の経過を貫く全時間性をもち、常に「現在の自己」が意識を占拠するので、それは単純に過ぎ去ったとか未だ無いと言えるような性質のものではないのである。つまり、自己存在は「物体の運動を以前と以後という観点に照らして数学的に分析する」という仕方では理解できない「全時間性」をもっているのである。それは客観化された物理的時間の概念が発生する以前の意識の時間性なのだが、単なる主観性ないし精神性に尽きるものではない。それは能産的自然の自己組織性と直接結びついているのである。

意識の根底にはこの能産的自然の自己組織性が土台として控えており、我々が「失われた時」ないし「失われた自己」を求めつつ存在の意味を問う際、それは意識に反映し、我々各自を自己の真の帰属先としての根源的自然へと還帰するよう促す。自己の真の帰属先を平たく言えば魂の故郷《ふるさと》ということになる。この平易な表現の方が「失われた時を求めて」という文学的モチーフと相性がいいし、堅苦しい哲学的存在論を親しみやすいものにしてくれるであろう。
人間は誕生から死への過程を生きる時間的存在であり、常に老いつつ失われた時を蓄積していく。そして、ときおり失われた過去を懐かしみ、自己の人生が一回限りで後戻りできないものであることをしみじみと感じる。しかし、実は過去は失われておらず、未来に向けて蓄積され続けているのである。このことは意識を個人の内面から他者との共存の次元へと向け換え、世代交代としての生命の大いなる連鎖から自己の存在の時間的意味を捉え返すとき、如実に理解される。個人の人生行路における過去ないし失われた時は、他者との共存における世代交代という生命の連鎖の中で未来に向けて回収されるのである。それはまたそのつどの現在に影響を与え続ける。この真実を理解するためには、考察を時間に絞っていてはだめで、空間の深い意味に目を開く必要がある。そして、それは自己存在と生命界全体のエコロジカルな性格を深く理解することを通して根源的自然へと還帰することを意味するのである。

注

（1）以下の拙著を参照されたい。『自我と生命——創発する意識の自然学への道——』萌書房、二〇〇七年、『心の哲学への誘い』萌書房、二〇〇七年、『心・生命・自然——哲学的人間学の刷新——』萌書房、二〇〇九年、『創発する意識の自然学』萌書房、二〇一二年。
（2）Cf. S. Alexander, *Space, Time and Deity*, Vol. 1, 2, Macmillan, London, 1920
（3）E・ヤンツ『自己組織化する宇宙——自然・生命・社会の創発的パラダイム——』芹沢高志・内田美恵訳、工作舎、二〇〇一年を参照。
（4）アリストテレス『自然学』（『アリストテレス全集』3、出隆他訳、岩波書店、一九八七年）
（5）Cf. A. N. Whitehead, *Science and the Modern World*, The Free Press, New York, 1997（上田泰治・村上至孝訳『科学と近代世界』松籟社、一九八六年）, *The Concept of Nature*, Promeyheus Books, New York, 2001（藤川吉美訳『自然という概

念』松籟社、一九八二年）*Process and Reality*, The Free Press, New York, 1978（山本誠作訳『過程と実在』（上・下）松籟社、二〇〇〇年）

（6）　もちろん社会文化的伝統の影響もあるが、ここでは生物学的要因を特記しておく。

第10章　存在と空間

はじめに

改めて言うが、「存在と時間」という問題設定は非常に魅力的である。そして、それは一応ハイデガーの主著『存在と時間』において結晶化された。ハイデガーは「存在と時間」という問題に真っ向から取り組み、時間論を存在論と融合させる壮大な思想体系を構築しようとしたのである。しかし彼は空間の問題を時間の問題ほどには重視せず、「存在と空間」という問題設定を明確に立てることはなかった。つまり、空間論と存在論の接点を明確に追求することはなかったのである。ハイデガーの思想を継承しつつ空間の問題を重視したメルロ＝ポンティも「存在と空間」という問題に直接取り組むことはなかった。彼は「知覚の現象学」という舞台で世界内属的身体の空間性を緻密に分析したのである。それはそれで非常に興味深いが、やはり物足りない。「存在と時間」というテーマに比肩する「存在と空間」という問題がはっきりと立てられていないのである。

周知のように西洋の哲学と科学において時間論と空間論は多くの場合並行しており、両者の関係が常に問われていた。つまり「時間と空間」という問題は繰り返し論じられてきたのである。物理学の歴史を振り返ればそれは一目瞭然だが、哲学や心理学や社会学においても時間と空間の関係は好んで取り上げられる。時間と空間は実在ないし物理的自然世界の根本的構成要素であるとともに人間的経験の根本枠組みでもあるのだ。

時間と空間を統合的に捉えて実在の根本的構成原理を解明しようとした哲学者にサミュエル・アレクサンダーという人がいるが、彼の思想にも「存在と時間」という問題設定に比肩する「存在と空間」というインパクトの強い問題設定は登場しない。彼の主著『時間・空間・神性』はプラトンの『ティマイオス』における宇宙創成説と時空論を現代の物理学に照らして洗練化・刷新したものであり、その姿勢はホワイトヘッドに強い影響を与えた。ホワイトヘッドの主著『過程と実在』はその結実であり、現代における時空論と宇宙論の統合の哲学の頂点となっている。しかし両者の思想にはハイデガーのおける実存哲学の要素がなく、世界の中での自己の存在、宇宙における「私」の存在への切実な問いかけが欠けている。こうした切実な実存的問題こそ「存在と時間」に並ぶ「存在と空間」という問題を浮き彫りにしてくれるものであり、自己存在の深淵への視界を切り開いてくれるものなのである。

「実存的問題」と言うと、時代遅れのかび臭いものというイメージが喚起されがちだが、そうしたレッテル貼り的思考は無視して、その問題意識の普遍性に目を開くことが肝要だと思う。我々は自己の存在の意味を問いつつ、我々を包む無限の宇宙空間の存在に思いを馳せる。それについて真っ向から問いかけたのは物理学者兼哲学者（キリスト教的思想家）であったあの人である。件《くだん》の問題に触れた彼の発言は非常に有名なものであり、多くの哲学者、文人、芸術家、宗教家はもちろん科学者をも魅了し続けてきた。そこで、まずその発言を引用して、論考を開陳することにしよう。

1　パスカルの衝撃

パスカルは『パンセ』おいて次のように述べている。

私は私の生命のみじかい時期がこれまでのそうしてこれからさきの永遠のうちに吸いこまれて失せるのを眺めるとき、また私の占めている、私の眼に映りさえもする小さな空間が、私の知らない、私を知ってくれもくれぬもろもろの空間の無限のひろがりのうちに沈み入るのを眺めるとき、自分はどういうわけでこの処にいてあの処にいないのか、それをおそれ、それをいぶかしくおもう。なぜなら私がなにゆえにここにいてあそこにいないのか、なにゆえに今ここにいてあの時にいないのか、その理由といっては少しもないからである。誰が私をここにおいたのか。いかなる者の命令と処置によってこの処とこの時は私にふりあてられたのか。

これらの無限の空間の永遠の沈黙は私をおそれしめる。(1)

ここでは有限な自己存在とそれを包む無限の宇宙空間の対峙が率直に語られている。そして、この対峙はそのまま「存在と空間」という問題に置き換えられる。その際、「存在」というものが自己と世界の双方の根本特性であり、自己の存在への問いが世界の存在ないし存在全般への問いに直結していることに注意したい。世界の存在とはここでは無限の宇宙空間の存在であり、その冷たい沈黙的性格は「私」を吸い込みそうでいて、実は突き放すのである。

また我々は、ここで時間と空間の関係が自我と宇宙の相互浸透的関係性に照らして簡略に述べられていることに着目しなければならない。パスカルによると「私」の生命は短く有限である。これは「私」の存在の時間が有限であることを意味する。他方、「私」の占める宇宙の中での空間は極めて小さく、その位置的性格は偶然性によって彩《いろど》られている。それに対して「私」を包む広大な宇宙は時間的も空間的にも無限である。要するに、自我の時空と宇宙の時空は有限vs無限の関係にあるのだが、それは決して矛盾対当の関係ではなく、相互浸透的なのである。

我々は世界の中で自己の存在を見出す。世界は我々に自己存在の自覚を促す契機であり、存在理解の情報媒体（ないし励起媒質）として機能する。自己は世界へと働きかけ、行為を伴った意識によって世界の事象連関を理解しようとする。その際、世界はその情報構造によって我々の理解作用を活性化してくれるのである。たしかに、パスカルはここで無限の宇宙空間が「私」を知ってくれないし、沈黙によって冷徹に包囲している、と述べている。しかし、彼においても自我と宇宙、つまり自己と世界はやはり相互浸透性の相を呈している。そもそも彼がこのようなことを問題とし、このような語り口を採っていることからそれは読み取れる。自我の時空と宇宙の時空は、思考し瞑想する「私」の「今ここ」から無限の宇宙空間へと広がってゆき、我々が「私」の意識と思考が広がりの限界を感じ、宇宙に追いつけないと悟ると、「私」を無視する無限の宇宙空間の冷徹な沈黙性が浮き彫りにされるのである。それはまた、「永遠」が「私」を吸い込む、というふうにも表現されている。

我々は時に触れて自己の存在の根本的意味を問う。つまり「なぜ私は今ここにこのような形でそもそも存在しているのだろうか」と問う。そして、こうした問いは現在の意識から発せられるものなので、「あのときあそこ」ではなく「他ならぬ今ここ」が問題となる。それに対して無限の宇宙は「私」のように特定の位置と時間に制限されない遍在的広がりをもっているので、「あのときあそこ」と「今ここ」の対立がない。これは永遠性を示しており、自我と宇宙の関係はそのまま時間と永遠の関係に置き換えられる。ただし、これに空間性の問題が加味されるべきなのは前にも触れた。

パスカルは前掲の短い文章の中に以上のことを深い含蓄を込めて鋭く述べている。この発言が多くの哲学者や芸術家や科学者を魅了したのはこのためである。もちろんその魅了性は知的ではない一般人にも及ぶ普遍性をもっている。

前掲のパスカルの文章から我々はまた生命と存在の一体性を読み取ることができる。我々は、自らが死すべき「有限な存在」であることを自覚するとき、それに対峙する宇宙の無限性と永遠性を切実に思い知るようになる。その際、「存在」というものが暗黙の裡《うち》に「生命」と一体のものとして理解されている。つまり、「私」の「生きられる存在」が問題となっているのである。この「生きられる存在」に「死へと向かう有限な自己存在」という契機が深く関与することは、パスカル→キルケゴール→ハイデガーという実存哲学の系譜において中核をなす思想であり、人間的生死の問題と存在論の関係に目を開かせてくれる。それはまた、哲学の抽象的な議論が苦手な一般人にも比較的分かりやすいことであり、自己にとって興味深く切実な問題として受け入れやすい。しかも、それは時間と空間という大変ポピュラーな現象と連関している。とすれば、件《くだん》のパスカルの発言は「存在と時空」という問題を多くの人に親しみやすくしてくれる貴重な誘導役を果たしてくれるのである。

とにかく、我々は意識の力によって無限の宇宙を把握しようとして、跳ね返され、無限の空間の中に独りぽつりと立っている有限な死すべき時間的存在としての小さな自己を見出す。そして、この矮小な自己存在の偶然性に思いを馳せる。偶然性を打ち破って強引に必然性を引き出そうとすると、「この時この処」を私に振り当ててくれた者ないし原理を捏造しなければならなくなる。しかし、それは真の存在把握からの逃避であり、何の解決にもならない。我々は自己が置かれた唯一の場所から出発しなければならない。一見無根拠に思われる「この時この処」から自己存在の意味を真底まで探求し、それに基づいて「存在と空間」という大問題に取りかかるのである。それは、人間の生命を自らの似像として創造した神という観念に頼る姿勢とは縁遠い、存在論的原理の合理的な探求ということになる。そこで、次にそれについて考えてみよう。

2 存在と空間

前に何度も触れたことだが、一般に「存在」は「空間内の一点を物体が占有している」という知覚作用を基に理解される傾向にある。この最も素朴な存在理解において既に存在と空間は関係づけられている。ただし、それはもっぱら対象化的視点による存在理解であり、意識をもった自己存在の主体性は度外視されている。つまり、あくまで存在の「意味」に関心をもつ自己の実存的ないし生命的存在は顧慮されていないのである。そして、実存的生命存在は主体性の次元に関与している。「存在と空間」という問題を考える際、我々は対象化的視点と主体的次元を照らし合わせつつ、両者を統合する高次の観点に至らなければならない。そのとき注目されるべき現象が「身体性」であることは、これまでの本書の叙述から自ずと分かるであろう。

我々は世界の中で自己の存在を自覚する意識的主体であると同時に、空間の中を動き回る身体的主体でもある。また、我々には単に空間の中を動き回るだけではなく、意識的行為によって空間を切り開く能動的身体の働きも備わっている。静止状態にあるとき、我々は空間の中の特定の位置を占めている自己の存在を自覚する。その際、世界空間とその中に現れる諸々の事象は対象化的視点によって捉えられ、「主観としての知覚する自己」と「客観としての知覚対象」の対置関係が成立する。それに対して、動き回りつつ能動的に空間を切り開いているとき、意識と知覚は身体運動と一体となっており、自己は客観としての対象を眺める主観として固定されていない。つまり、外部の空間とその中に現れる事象をすべて対象化する「空間外存在としての主観」となってはいない。身体的主体としての自己は世界内の諸々の事象と一体となって生成的空間を形成しているのである。「存在と空間」という問題を考える際、静止的空間ではなく生成的空間に着目することが肝要だと思われる。というのも、静止的空間から考えると、自己と世界の関係が主観‐客観の対置図式にはめ込まれ、もっぱら存在が空間内の一点を占有することとして理解されてしまうからである。

一般に空間は静止的相において捉えられ、その中で物体の運動や事象の変化が生起すると思われている。それに対して、有機的自然観からすると空間は静止と生成の両相をもつものとして理解され、特に後者が重視される。それでは、空間が静止的ではなく生成的であるとはどうことであろうか。

普通、生成とは空間内で事象が生起・変化・消滅することを意味する。また単に消滅するのではなく次の事象に継承されることも意味する。つまり、空間自体は不生不滅で静止的相をもち、その中で諸々の事象や物質が生成し、果てには消滅するというわけである。この対立関係は古代ギリシアにおける存在論の黎明期に議論された存在と生成の関係と並行している。パルメニデスは存在を生成に強く対置し、存在そのものは永遠であり、変化したり消滅したりしないと考えた。そして、変化・生成するものは真の実在ではなく、幻影の一種だと断じた。それに対してヘラクレイトスによると、万物は流転し、とどまることのない生成の相をもち、生々流転する自然的世界の背後に不生不滅の真実在を想定する必要はないのである。この二人の思想的対立は、そのまま存在と生成の概念的対立を意味する。また、この対立には、真実在の把握において時間と空間のどちらを重視するか、ということも関わっている。パルメニデスの考え方は、真実在の把握から時間的要素を排除しつつ、空間を無時間的永遠の相と結びつけ、それによって生成的要素のない不生不滅の「存在」の概念を高く掲げるものである。他方、ヘラクレイトスの考え方は空間よりも時間を重視し、真実在は生成変化する自然的現実そのものである、とみなすものである。我々は最終的にこの思想的対立を乗り越えたいと思うが、どちらかと言うとヘラクレイトスの立場に親近感をもっている。我々の目標は空間が静止的ではなく生成的であることを解明することなので、そのためには不十分ながらヘラクレイトスの思想の方が役立つからである。しかし、この目標を達成するためには概念図式自体を刷新することが求められる。

まず、存在と生成を矛盾対当の関係から解き放って、両者を融合し、「生成的存在」という存在概念を理解しなければならない。さらに、時間と空間の接点に目を向け、両者を統合ないし融合する視点を獲得しなければならない。

空間を時間から切り離して考えるから、無時間的静止相という特性が空間に押しつけられるのである。そして、空間が生成するものであることが全く理解できなくなる。空間は常に時間と一体となっており、静止的に捉えられることもあれば生成・変化するものとして理解されることもあるのだ。たとえば四季の変化における風景空間の生成について考えてみよう。日本は四季の変化がはっきりしており、我々の目に映る自然の景観としての風景空間は春↓夏↓秋↓冬という時間の矢に沿って劇的に変化する。それはまさしく生きた自然の自己組織化的生成現象であり、空間自体が温度や湿度の変化とともに変化し生成することを如実に示している。季節の変化は単に時間の単独的経過ではなく、時間と融合した空間の質的な変化でもあるのだ。

季節の変化だけではなく、天候の変化や自然災害によっても我々を取り巻く環境空間は質的に激変し、自然空間はまるで生き物であるかのような生成の相を示す。能産的自然が生命的自己組織性によって駆動される物理的有機体であるとするなら、その中核的契機たる空間が自己組織性をもって変化・生成することは当然なのである。「天変地異」という言葉は、自然空間が静止的ではなく生成的であることを示唆している。たとえば震度七の地震や大津波やアメリカのオクラホマ地方に現れる巨大な竜巻などは、空間そのものが根底から覆されたかのような印象を我々に与える。しかし、そうした災害もそのうち収まり、空間はまた元の静止的相に戻るのである。ただし、それもまたいつか破られ、再び天変地異が訪れることになる。この流動・激変↓静止↓流動・激変↓静止↓流動・激変……の繰り返しは自然空間の生成的存在性格を端的に示している。それは自然のダイナミックな生命的自己組織性の顕現であり、存在と空間の関係を理解するための指標となるものである。

一九九五年一月一七日に神戸を襲った縦揺れの激震（震度七）はわずか十数秒のものだったが、神戸という居住空間を根底から覆した。(2) それは鉄筋コンクリートのビルが横倒しとなり、高架の高速道路の支柱が折れて崩落するほどのものだった。この激震は早朝に起きたので、それに直撃された神戸の住民は宙に飛ばされるか、家具や天井の下敷きになるかのどちらかであった。また、二〇一一年三月一一日に東北地方の太平洋側を襲った巨大津波は最高二十数メートルに及び、これまたほとんどの家屋とビルをなぎ倒し、二万近くの人を飲み込んだ。ぎりぎりで助かった人の証言や高台から写された津波の動画から被災地のそのときの空間の激変が実感できる。どちらの場合にも、意識をもった生命体としての被災者とそれを取り巻く被災地の空間は、一体となって、上下左右の区別がなくなるような激変という生成様態を示したのである。ちなみに、ここで言う被災地の「空間」は自然的と居住的（社会的）の両側面を含意している。

一般に空間はその中にある物やその中で起きる事象と一応区別され、それらを包む容れ物のように思われている。しかし、実は空間とその中の諸事物は一体なのである。空間とは諸事物の関係性や相互作用が生み出す「複合の統一体」であり、その統一性の及ぶ範囲によって区分けされる類《たぐい》のものなのである。空間が単独で存在するということはない。真空というものを想定しても、真空という物理的事態が及ぶ範囲を指して真空という空間とみなされるのである。

こうした空間の中で我々は意識的生命体として自己の存在の意味を感得する。その際、環境世界と一体となって機能する「生きられる身体」が重要な役割を果たすことは、前に詳述した通りである。生々流転する能産的自然の自己組織化活動に呼応する我々の意識と身体の生成的性格が、存在と空間をまさしく「生成」という側面において結びつけ、両者の統合的理解に導くのである。

3　存在の意味と空間の質

存在が意味という現象と不可分なのは前に説明した。また、存在の意味を問うということが人間各自の意識と密接に関係していることも説明した。さらに、意味は質というものと深く関係している。このことを踏まえ、かつ前にした説明を想起しつつ、我々はここで「存在の意味」と「空間の質」の関係を問うことにする。

「存在と空間」という問題を深く掘り下げていくと、ある鉱脈に至る。それが存在の「意味」と空間の「質」の関係である。これに関する視点は存在論的思考の秘宝であり、同時に空間そのものの理解をも深めてくれる。時間が我々の意識に関与すると質を帯びてくるように、空間も意識を介して質的に変化する。空間の質的変化は自己存在ならびに世界の存在、さらには存在全般の意味の感得に強い影響を及ぼさずにはいない。それでは、我々はどのようなとき、またどのようにして空間の質的変化を感じるのであろうか。そして、それはどのように存在の意味の感得に影響を与えるのであろうか。さらに、そこに我々各自の意識と身体性はどのように関与するのだろうか。あるいは、そこでどのような媒介役を果たすのであろうか。

たとえば、貧血気味になって眩暈《めまい》を起こしたときのことを考えてみよう。眩暈には浮動性のものと回転性のものがある。浮動性の眩暈とはフラフラするものであり、回転性のものはグルグルと目が回るひどいものである。貧血気味のときの眩暈は自身がフラフラし、視野にあるものがフワフワと揺れたように感じる。そのとき当人は自己の身体と意識の動揺を如実に感じ、何とか体勢を維持し、気丈に意識を保とうとする。気分が悪くなり、吐き気も起こってくるが、倒れるわけにはいかない。我々は覚醒して行動している限り、重力に逆らった体勢を維持しているのである。つまり、基本的に頭部を上にして、二本の脚で身体全体を支えるような姿勢を維持しているのである。それは、立っているときとか歩いているときだけではなく、座っているときにも当てはまる。

我々が世界の中で自己の存在を自覚するとき、たいていは自己の身体と意識の安定性とともに視野に入ってくる周囲の光景がぶれていないことを感じている。しかし、眩暈を起こして意識が薄れてくるような事態になると、自己の存在自体が揺らぎ、自己を取り囲む世界も崩落の危機に差しかかっているように感じる。これは先に触れた地震の最中と同様の感覚であるが、震源が地球ではなくて自分であることが味噌である。

眩暈は、貧血や血圧の降下だけではなく、疲労や睡眠不足や回転性運動やうつ病や酩酊や薬の副作用によっても生じる。内耳（特に三半規管）に障害があると激しい回転性眩暈が生じるが、その場合当人の身体感覚と意識の動揺は極めて強くなる。いずれにせよ眩暈の最中、我々は「存在と空間」という問題に自己の生存が賭けられるような様態で直面する。自己の生命を維持するためには空間内での自己の立ち位置を確保しなければならないのだが、眩暈を起こすとその立ち位置が揺らいで不明瞭となり、同時に自己を囲む空間が歪んでしまう。そのとき我々は薄れゆく意識の中で、自己存在とそれを包んでいた空間の関係を命がけで問いかける破目になる。眩暈は自己の生命が失われるかもしれないという危機感を当人に突きつけてくるので、「存在の意味」が存在の場である空間の「質」の変容とともに、動揺した意識に切なくも問われることになるのである。

私事になるが、筆者は二〇〇〇年の六月から二〇〇一年の一二月にかけて、慢性疲労から来るうつ状態と自律神経失調症に断続的に悩まされていた。それは不眠と首こりと浮動性眩暈を中核症状とするものであり、特に眩暈は切実な悩みであった。仕事を休んで静養や治療に専念するようなレベルのものではなかったが、不快感と不安と憂鬱と身体全体のだるさはいつまでも続き、生殺しのような状態であった。こうしたときに問題となるのは身体感覚と環境世界の空間の質の変容である。換言すれば、「自己存在の理解における身体性の意味」と「身体がそれと一体となった周囲の空間の質」の関係が問われるべきこととして際立ってくるのである。

我々は世界空間の中で自己を見出す身体的存在である。この「自己を見出す」ということ、つまり「自覚」は意識の働きによってなされる。そして、意識と身体は一体のものである。我々が自ら生き抜いている身体は、感覚作用を介して常に自己の意識に反映し、「自己が世界の中でどのような在り方をしているか」という自己存在の理解に影響を及ぼしている。「自ら生き抜いている身体」は「生きられる身体」と言い換えてもよいが、これは意識的自己と世界空間を媒介し一体化するものであり、自己と世界を存在理解において統合する機能をもっている。そもそも我々が存在の意味を問うとき、自己と世界双方の存在が不可分の形で意識に現れるのだが、その際の意識は精神主義的に理解された純粋意識ではなく、物質的身体と一体となった意識である。そして、この身体的意識が「自己と世界の統合的な存在の意味」と「空間の質」の関係を問う際に中核的役割を果たすのである。このとき自己と世界は主観と客観というふうに対置されてはおらず、有機的自然観における生命的統合の次元で理解されている。

筆者は前にある論文で「我々の内なるアメーバの生命感覚」に触れたことがある(3)。それは、世界内存在として空間の質を感得する我々の内にアメーバの原初的生命感覚が存し、それが我々の内なる「意識的有機体(conscious organism)と言えるような何か(4)」と相即していることを指摘したものである。我々は意識的主体として自己言及的生命感覚をもっている。それには高度の自己意識と知性がフィルターとして関与しているが、これを取り除いて感覚の原初的相を抉《えぐ》り出すと、原初的生命感覚が顕わとなる。これがアメーバのもつ原初的生命感覚を継承したものであることを指摘したのである。そして、この原初的生命感覚は「生きられる身体」の中核と行動的(身体運動的)意識の基底に存するものとして、存在の意味と空間の質を身体的存在了解作用において統合するものとみなされるのである。

周知のようにアメーバは単細胞の生物であり、神経系も脳も分岐した感覚器官ももたない。それは細胞内の原形質流動によって移動し、仮足で餌を取り込む、という極めて単純な生命機能しかもっていない。しかし、この原始的な生命機能は我々人間の感覚の基底層にたしかに刻印されており、それが共通感覚を介して意識に顕現するのである。つまり、アメーバにおける感覚器官の未分化性が我々の自己身体運動感覚を通して感得されるのである。また、アメーバは収縮と膨張（全身性変形）を繰り返し、体表によって光や物体を感知するが、こうした原初的生命機能がアメーバの末裔たる我々の深部感覚や身体図式に反映し、それが「生きている」という実感として意識の低層に現れる。そして、このことは「重力に逆らって身体の直立姿勢を維持している」という普段は自覚されない深層的感覚に反映するのである。

眩暈《めまい》の発作の際、我々の混濁した意識にこの深層的感覚が現れ、倒れまいとする身体的意識は原初的生命観を切なくも感得する。その他、逆立ちしたときとか、柔道の投げ技を食らったときにもこの感覚は現れる。それでは普段はこの感覚は全く現れないのか、と言うとそうでもない。空間内での自己の位置の確認感覚には常に「重力に逆らって身体の直立姿勢を維持している」という感覚が隠れた形で付随し、それが存在の意味と空間の質の身体的意識による統合的理解の基盤を形成しているのである。

存在と重力はたしかに関係している。地球の磁場の中で生きる我々人間の生命的‐身体的意識には重力が常に関与し、かつそれを介して空間の質が感得され、「場としての存在」と「自己の生命的存在」の相即性が顕現してくる。ところで、物体のもつ重力は地球の引力によって引き起こされる。我々人間各自の重力も地球の引力の賜物である。この重力と引力の関係を「存在と空間」という問題の理解に応用することができる。地球の引力圏の中で、あるいは地球の磁場の中で我々は自己と世界の存在を捉えるのだが、その存在理解には常に自己の重力に対する身体的感覚意識、ならびに自己が置かれた環境世界の空間における諸物体間の万有引力の顕現から感得される物理的自然像が関与している。ちなみに、先に挙げた地震や眩暈の例は、身体的感覚意識や物理的自然像（あるいは空間感覚）が普段もっている整合性を剥奪されることを示したものである。「あるものの価値はそれが失われたとき初めて分かる」とよく言われるが、失われなくても通常の様態から著しく変化すると、そのものに対する価値意識は激しく混乱する。地震や眩暈の場合には、それが「存在の意味」と「空間の質」の関係理解に直結する身体的存在意識の大変容として現れるのである。

もちろん平常時にも我々の身体的存在意識は「存在の意味」と「空間の質」を統合的次元において暗黙裡に捉えている。しかし平常時と言っても、我々の住む自然的世界は常に生々流転し変化することをやめないので、存在と空間の関係を捉える我々の身体的存在意識は小変容を断続的に繰り返すこととなる。季節や天候や気温の変化、旅行や転居や自室の模様替えにおける空間意識の変容、昼と夜の気分の違い、田舎と都会の生活環境の違い、ゆとりがありくつろげる部屋と狭くて窮屈で汚くなった部屋の違い、日当たりのよいリビングと奥の北向きの狭い寝室の違い、威圧的で嫌な上司と隣り合わせのときと気の置けない親友的同僚と一緒のときの気分の相違……等々。これらの事例はすべて我々各自の身体的存在意識を介して「存在の意味」と「空間の質」の関係を理解するための、かなり分かりやすい基礎的次元を指し示している。こうした基礎的次元から少しずつ物理的、心理的、存在論的に深まりつつ、我々は「存在の意味」と「空間の質」の関係をより高次の次元で捉えていくのである。

ところで、我々が地球の磁場の中で生き、地球の引力圏において自己の重力を感知するということは、我々が自然の大生命によって「生かされて生きている」ということにつながる、と筆者は思う。地球自体が一つの生命体であるという考え方があり、これをガイア仮説という。それはともあれ、地球が地中のマグマの熱から地上の水と土と空気と植物まで及ぶ豊富な生命維持の基盤をもつ一つの生命圏を構成していることはたしかであり、その中で太陽の光の恩恵の下に物質の分子的進化から生命が誕生し、生物進化が起こり、その長い経過の果てに現生人類が出現したのである。これらの出来事はすべて地球の生命圏の中で起こった「自然の贈与」である。[5] そして、「生命圏」というものは存在の場、居住の場、生命維持の場としての「空間」を含意している。こうして「自然の贈与」と存在の場としての「空間」が結びつき、それを「我々が自然の大生命によって生かされて生きている」という思念と連携させると、「存在の意味」と「空間の質」の関係理解が新たな光源から照明されることになる。

我々が地球の生命圏の中で自然の恩恵を感じつつ自己の存在の意味を問うとき、この生命圏のもつ独特の空間性が我々の生命的存在意識に浸透的に関与してくる。そして、繰り返すが、この生命的存在意識は「我々各自が自ら生き抜いている主体的身体」（=「生きられる身体」）によって賦活されるものであり、基本的に世界内属的である。空間浸透的と言い換えてもよい。「質」の感得は常にこの「生きられる身体」を介してなされるが、その際自己と世界が渦動的に統合するのは言うまでもない。そして、この渦動的統合において「存在」と「空間」が表裏一体のものとなり、「存在と空間」という問題の考察へと我々を誘《いざな》うのである。

注

（1）パスカル『パンセ』（上）津田穣訳、新潮文庫、一九九九年、一四四ページ以下。なお、この文章は以前にも取り上げ、別の観点から既に解釈していた。拙著『創発する意識の自然学』萌書房、二〇一二年の第6章を参照されたい。

（2）このときの神戸の被災者の体験談として『阪神・淡路大震災　六五〇〇人の証言』ミサワホーム総合研究所、一九九六年を参照。

（3）拙論「クオリアと生命」（『現象学年報23』日本現象学会編、二〇〇七年、九—一九ページ）を参照。

（4）この言葉はチャルマーズから拝借したものである。

Cf. D. J. Chalmers, Facing up to the Problem of Consciousness, *Toward a Science of Consciousness*, ed. S. R. Hameroff, A. F. Kaszniak, A. C. Scott, MIT Press, 1996, pp. 5-28

（5）こうしたことに関しては、J・E・ラヴロック『地球生命圏——ガイアの科学』スワミ・プレム・プラブッタ訳、工作舎、一九八四年、丸山茂徳・磯崎行雄『生命と地球の歴史』岩波新書、一九九九年を参照。また、T. Nørretranders, *The User Il-*

lusion: Cutting Consciousness Down to Size*, Penguin Books, 1998（柴田裕之訳『ユーザーイリュージョン――意識という幻想――』紀伊國屋書店、二〇〇二年）も興味深い視点を提供してくれる。

第11章　時間と永遠

はじめに

本書は「存在と時空」という大問題を取り扱っている。そして、これまで存在論の基礎ならびに時間と空間について論じてきた。その際、折に触れて時間と永遠の関係にも言及した。「時間と永遠」という問題は古来、哲学と文学と芸術と宗教において取り上げられてきた逸品であり、それは「有限な人間各自の生命」と「無限の宇宙」の狭間において存在の意味を問う方向性を有していた。

古代においては哲学と科学と宗教が未分化であり、宇宙の開闢《かいびゃく》やその終焉についての神話的説明、あるいは霊魂の不滅や死後の生や輪廻転生に関する憶測的議論がなされていた。これらが自然哲学的ないし精神哲学的に深まり、さらには経験科学的実証性を帯びて宇宙物理学や心理学の考察対象になるようになった。この歴史的経緯において「時間と永遠」という問題は部分的に脱神話化されつつも、その核心的意義としての存在論的関心は常に維持されてきた。それは前章で引用したパスカルの言葉に端的に表れているような実存哲学的な存在の意味への関心である。

そして、彼が科学者でありつつも熱烈なキリスト教の信者であったことは象徴的である。「有限な自己存在の時間性」と「無限の宇宙の永遠性」あるいは「人間の時間性」と「神（ないし絶対者）の永遠性」の間には決して埋まらない溝があり、我々はこちら側から永遠性に憧れているだけなのである。もちろん、時間と永遠の懸隔を認めない思想も数多《あまた》存在する。円環的時間概念や永劫回帰説や輪廻転生説においては時間と永遠は断絶的に対立したものとはみなされず、両者は融合されている。それはそれで一つの考え方として認めてよいであろう。

　時間と永遠の関係を対立相において捉えるにしても融合相において捉えるにしても、「時間」そのものの概念を根本的に洗い直し、それに基づいて「永遠」の概念を再構成することは極めて重要である。これは古来多くの思想家が挑戦してきた課題だが、筆者はここで自前の存在論に即した自説を披露しようと思う。「自前の存在論に即した自説」と言っても、それは先哲の諸説の上に成り立っているのである。ただし論述が自己構築的であり、先哲の思想の解釈などではない、ということには留意願いたい。

　ところで、本書の第8章において「生の円環と時間の矢」ということを述べた。また、筆者は数年前から「生命の大いなる連鎖」ということを自己の哲学の核心に据えてきた[1]。そして、本書は「存在と時空」という大問題を扱っており、ここにきて「時間と永遠」という伝統的問題に新たな視点で立ち向かおうとしているのである。

「生の円環」とは自己と世界を一つの輪にするものであり、「身体の空間性と環境世界」という問題系にも関わっている。しかし、これを見誤ると、空間的な「円環」を時間化してしまい、前述の円環的時間概念や永劫回帰説へと逸脱してしまう。「生の円環」とは、あくまで自己の世界内存在を示し、人間が環境の中で生きる有機体であることを表すものであり、空間性の含意が強いのである。ただし、それは時間性との統合性も秘めている。それゆえに「時間の矢」との深い関係が問われるのである。

「時間の矢」は、人間が死へと向かう存在であることとともに宇宙全体が始まりと終わりをもつものであることを示唆する概念である。それは言うまでもなく、時間が前方へと不可逆に進み、決して後戻りしない、ということを意味している。ところで「矢」には的があり、的は目標ないし目的というものに置き換えられる。物理的宇宙が全く機械的な（機械的な因果律に従う）ものだとする自然観からするなら目的因や目的論的視点は無視されるが、物理的宇宙における生命の誕生とその進化はエントロピーの増大に逆らう何物かを示唆している。自然的物質系ないし物理的システムは放っておくと無秩序さの度合いが一方的に増大していくが、生命系や有機的システムはこの傾向に逆らい、秩序を自己形成する。つまり後者は自己組織能をもつのである。

このような「生の円環」と「時間の矢」の関係を存在論的視点において捉え直し、それに基づいて「時間と永遠」という問題を再構成することは極めて意味深長である。そしてその際、存在論的視点の中枢は「存在の場所的性格と自己組織性」という観点となる。

自己組織化する世界の時間と空間の中で生きる意識的生命体としての「私」。その「私」が「自己でありながら自己を超える」という衝動に突き動かされて「生命の大いなる連鎖」へと参入する。つまり、その中へと自己を融解する。すなわち小我を超えて大我に至る。さらには大我をも超えて存在そのもの（自然の大生命、宇宙の大生命）に還る。その「私」の時間性と空間性を包み超えるものとしての「永遠」。これを問うのが本章の課題である。

1　時間と永遠の関係についてのプラトンの発言をめぐって

自説を展開する前に伝統的な「時間と永遠」という問題の内実と核心に触れておきたい。

西洋哲学史上、時間と永遠の関係を初めて明確に論じたのはプラトンの『ティマイオス』である。周知のように、この書はデミウルゴス（製作者＝神）による宇宙の創造を論じたものである。その中で、宇宙創造の際にデミウルゴスは万有の根源たる「永遠」を写す似像としての「時間」を創った、とされている。それを詳しく言うと「宇宙を秩序づけるとともに、一のうちに静止している永遠を写して、数に即して動きながら永遠らしさを保つ、その似像、つまり時間を創った」ということになる。[2] さらにプラトンは時間と永遠の関係を存在論的観点から次のように掘り下げている。

というのは、昼も夜も、月も年も、宇宙が生じるまでは存在しなかったのですが、神は、宇宙が構成されると同時に、それらが生じるように仕組んだからです、そして、これらすべて時間の部分なのですし、また「あった」や「あるだろう」も時間の相（種）として生じたものなのです。ところがわれわれは、知らず知らずのうちに誤って、これらの言葉を永遠の有に適用しているのです。つまりわれわれは、そうした有があったとも、あるとも、あるだろうとも言っているのですが、正しい言い方では、ただ「ある」だけがそれに該当するのでして、「あった」と「あるだろう」とは、時間の中を進行する生成について言われるのがふさわしいのです。――というのは、後二者は動きにほかならないからです。しかし、不動の状態で常に同一を保っているものの場合は、時間の経過とともに年をとって行くことも若くなり行くこともなければ、かつてなったことも、いまなってしまっているということも、また、今後あるだろうこともなく、総じて、生成ということが、感覚内で運動している事物に付与するどんなことも、そうした同一を保つものには該当しないのです。むしろ、それらのこと（「あった」「あるだろう」「なり行く」など）は、永遠を模倣し、数に即して円運動をして行くところの時間の様相として生じたものなのです。[3]

「時間は永遠の出来そこない」と言いたいのであろうが、かなり甘い考え方である。プラトンが胸を張って主張する「永遠の似像としての時間」という思想は、しょせん時間の中を生きざるをえない彼の日常的（現世的）存在様式から派生したものであり、決して「時間」の桎梏《しっこく》を逃れていない。「時間を超越する永遠」という観念が生じる以前に、生きられる時間と物理的ないし自然的時間が我々の存在と思考を取り囲んでいたのである。そもそも「時間」ないしそれに類する概念なくしては「永遠」という概念は微塵《みじん》も生じないであろう。ただし、プラトンの言いたいことは分かるし、時間と永遠の関係を存在と生成、静止と運動、一と多に関係づけて論じる姿勢は存在論的に極めて興味深い。ただ最後の一歩で詰めが甘いのである。

筆者は「時間を超えた永遠」という観念を否定しようとしているわけではない。あるいは「永遠」という観念そのものを認めない、というわけでもない。むしろ、最も深い「永遠」の概念を希求しているのである。そして、それは時間と永遠の分離・対立以前の「根源的時間」への還帰という姿勢に基づいている。この姿勢から見下ろすと、プラトンは時間をもっぱら通俗的観点から捉えており、それに並行するように永遠の観念もまた通俗的なものに成り下がっているように思われる。筆者の観点からすると、「根源的時間」即「永遠」なのであり、それは存在と生成を統合する高次の存在論的観点と連結している。あるいは過程（process）をそのまま実在（reality）と捉える有機的自然観とも連結している。筆者はこうした視点をハイデガーとホワイトヘッドから得たが、(4) 自分の思想構築に即してかなり改変している。

いずれにしても右に引用されたプラトンの発言は時間と存在の関係という観点から極めて興味深いものであり、存在論的思考の引き金として貴重な遺産とみなせる。我々は、この発言から「過去と未来は実在するのか」という前に扱った問題を再考することができるし、そこから三つの時制、つまり過去・現在・未来を包み超える「永遠」という概念を論じることもできる。ちなみに、ここで「三つの時制を包み超える」と言う場合、それは過去と現在と未来を一つの生成的過程へと存在論的に統合する、という意味であって、それらをそもそも超越ないし無視するということではない。これは、直前に述べた「根源的時間」即「永遠」という思想と関係している。

筆者の考えによると、時間の根源あるいは根源的時間は過去・現在・未来という三つの時制を超えている。それは絶対的現在でもなければ永遠の現在でもない。過去と現在と未来を包摂する一つのプロセスとして、空間とも融合性をもつ形で、一切の実在の根本を形成しているのである。つまり、根源的時間は存在の原理、万物の根源なのであり、それは周知のように「時-空」として世界の基幹ないし根本形式ということになる。

時間と永遠という伝統的問題を根本的に捉え直しつつ再考するためには、以上のような観点を取ることが必要だと思われる。本章では以下、この観点を基底に据えて論を展開していくことにする。

2　次にハイデガーの発言をめぐって

前節で示したように、プラトンは時間を永遠の動く似像として捉え、時間に対する永遠の優位性を主張している。それに対して、本書で何度も言及したハイデガーは、従来の永遠概念を根源的時間に向けて乗り越える姿勢を打ち出している。彼は『存在と時間』が発表される三年前に『時間の概念』という短い講演をしているが、その冒頭部の発言は極めて啓発的である。そこで、それを引用してみよう。

〈時間とは何か〉という主題は、神学的に、永遠Ewigkeitから取り扱われていません。時間が、その意味を永遠において発見するならば、時間は永遠から規定されねばならず、しかしそのためには、ひとは――永遠から時間へという――筋道を自由にできたり、永遠を知っていたり、了解していたに違いないのです。永遠が〈空虚な常なる存在das leere Immersein〉と異なる何かであるとするならば、すなわち神が永遠であるとするならば、そのような時間考察は、それが神をよく知らず、このような問い合わせを了解しないばあい、困惑に陥る他ないでしょう。神への通路が信仰であるならば、みずからを心得ている哲学は、永遠を、決してもたないでしょうし、方法的に説明に用いることができないでしょう。したがって神学者は、時間の真の専門家でありましょうか。……神学は人間存在を、その永遠への存在において論じます。キリスト教の信仰は、時間内でおこり且《か》つまた〈福音書において〉時が「満ちた」といわれるその時間内の何かに関与をもっています。哲学者は信ぜず、時間〈永遠〉とは何かと問い、時間を時間自身から了解しようと決意しています。[5]

西洋の哲学と宗教において永遠は二つの異なる意味で捉えられてきた。一つは無限の時間の持続という意味での永遠であり。もう一つは時間を垂直方向に超越する無時間的ないし超時間的な永遠である。ハイデガーが右の引用文で言っている「空虚な常なる存在」は変化も生成もしない静止的な永遠を指しており、プラトンが言う「時間の似像元」としての永遠の概念に近い。我々はハイデガーに触発されつつ、その静止的な永遠概念を解体して、生成する時間の中へと再び永遠を引き込み、時間の中に永遠を見出す姿勢を打ち出したい。そのように永遠を自らのうちに含む時間は「根源的時間」と呼ぶべきものであり、「無限の時間の持続」とか「空虚な常なる存在」という通俗的な永遠概念を派生されるような通俗的時間概念とは峻別されるべきものである。

「人間の有限な時間性」と「神ないし絶対者の不滅の永遠性」の対置は西洋の哲学と宗教においてのみならず、人類にとって普遍的なものである。我々は、自らが死すべき有限な存在であることに思いを馳せるとき、有限な時間性と不滅の永遠性の懸隔を自覚する。プラトンは『パイドーン』においてはっきりと「魂の不死性」を主張していた。これは物質としての肉体の崩壊後も実体としての霊魂が生き延びるという、かなり通俗的な思想であり、理想（と言うよりは夢）と現実を混同したものでしかない。魂ないし霊魂は脳の機能として、脳に対する独立的実体性をもたないので、脳を含む肉体の崩壊ないし脳死とともに存在しなくなるのである。それは肺の機能が停止したとき呼吸が存在しなくなるのと同様である。このように言うと、「人間の尊厳を貶《けな》す唯物論的主張だ」と精神主義者や二元論者から非難されそうだが、それは的を射ていない。人間の尊厳や道徳はもともと実践関連の事柄であり、精神と物質の二元論的対置や霊魂の不死性に関する理論的思弁によってはその本質を捉えることはできないのである。つまり、そのような非難は理論的な問題と実践的な問題を混同して生じたものなのであり、自らのうちに混乱を含んでいるのである。さらに言えば、こうした非難は個人に属すものと集団の共有財産を混同している。人間の尊厳とか霊魂の不死性というものは、一見「唯一無二のかけがえのない自己（私）」に属す事柄に思えるが、実は他人との関係性からのみ生まれる集団性に属す事柄なのである。そして、このことは筆者が以前から主張してきた「生命の大いなる連鎖」という概念に照らして理解されるべきである。

「生命の大いなる連鎖」は、個々の生命体における不死性（つまり個人の霊魂の不滅）とは全くの別物で、個人の死を厳粛なる事実として承認しつつ、その個別的死の連鎖によって全体としての「生命」の存続が可能となっていること理解させるために創案された概念である。我々は、なぜ「死」という忌々《いまいま》しい出来事がこの世に存在するのだろうか、と嘆く。不老不死は多くの人が抱く率直な願望である。それが幼稚な観念だと自覚しつつも、それを願うのが人情なのである。誰も死の積極的意味を問おうとはしない。厭世家や自殺者も死を自己の苦悩からの解放として捉えるのみであり、「生命の大いなる連鎖」を可能ならしめる契機として積極的意味をもつ「死」の本質に目を開けない。単純に考えれば、個人の寿命が延びたり、不老不死が実現したりすれば、全人類の幸福が実現するように思える。そこで「死」は悪であり、災いであり、無くなればよいものとみなされる。ところがよく考えてみると、個人ないし個々の生命体の寿命が倍になったり、不死に近くなったりしたら、地球上での生命維持の環境が破壊され、その維持機能がパンクしてしまうことが分かる。

今、地球上には約七〇億の人が生きている。この数は漸進《ぜんしん》的に増加する傾向にあるので気づきにくいが、もし人間の平均寿命が八〇年から一六〇年になり、さらには八〇〇年になったら、地球上の人口は経年的に増加し、そのうち一兆人に達するであろう。さらに全人類と全生物の不老不死が実現したら、地球上の生命体の数は一京にもなるであろう。その前に地球上の生命維持の環境は破壊されてしまうから、それは実現しないであろうが、とにかく寿命が倍になったり不老不死が実現したりすると、思わぬ報復を被ることは馬鹿でも分かると思う。楽天的な不老不死への希望は生命の本質から著しく逸脱したものであり、死という忌々しい出来事を回避できたと誤認しつつ、逆に自己を含む生物全体を死に追いやる破目になるのである。仮に自分が二〇〇歳まで健康長寿を保っても、その頃には既に地球環境は悪化しており、巷には「やはり自然の摂理に従って皆八〇歳で死んだ方がよかったんだなー」という嘆きの声が蔓延《はびこ》っているであろう。霊魂は死んだらこの世ではなく非物質的精神世界に行くから、「この物質世界に変化はもたらさない」という反論が来そうだが、そもそも非物質的精神世界なるものは存在しないので、無視してかまわない。それは現世における叶《かな》わぬ願望を来世に投影したものにすぎないのである。言うまでもなく、願望は主観的なものであり、客観的事実としての生命の存続を生み出すことはできない。

それに対して「生命の大いなる連鎖」の思想は、個人における現世から来世への生の存続ではなく、個人の集合体としての人類全体が個人の死の連鎖によって「全体的生」を存続させていく、ということを主張する。それは個人の「死」を厳粛な事実として受け入れ、決して個人の来世や非物質的精神世界の存在を認めず、「大文字の**生命**」の連鎖・存続を主張するものである。我々は、こうした思想に沿って時間と永遠の関係を再把握しなければならない。そこで、伝統的な二つの永遠概念は両方とも却下される。つまり、「無限の時間の持続としての永遠」と「超時間的な常なる存在としての永遠」の双方が否定されるのである。前者は水平方向に前進し続ける終わりなき時間の流れであり、後者はその水平的前進を垂直方向に超越する超時間的永遠であるが、どちらも通俗的時間概念に翻弄された似非《えせ》永遠性とみなしうる。どちらも人間の有限な時間と忌々しい死の事実を乗り越えようとして生まれた概念だが、結局は「個人の生命」に囚われて「大文字の**生命**」に目を開けなかったことに由来する逸脱的思考が表れたものにすぎない。それゆえ、我々はまず通俗的時間から根源的時間に目を移さなければならず、後者に基づいて永遠概念を再構築しなければならないのである。

前節で述べたように、時間の根源あるいは根源的時間は過去・現在・未来という三つの時制を超えている。それは絶対的現在でもなければ永遠の現在でもない。過去と現在と未来を包摂する一つのプロセスとして、空間とも融合性をもつ形で、一切の実在の根本を形成しているのである。我々は、このように理解された根源的時間に基づいて「永遠」というものを捉え直さなければならない。そのためには存在＝生成という存在理解、ならびにハイデガーが主張する「時熟（Zeitigung）」という概念の理解が必要となる。そして、これに時間と空間の統合的次元を加味するのである。

まず「時熟」について考えてみよう。ハイデガーは前掲の引用文の中で福音書における「時が満ちる」という表現に言及している。福音書（新約聖書）におけるこの表現はキリストの再臨と関係しているが、それはここでは無視して、その一般的意味に着目することにする。

「時が満ちる」とは「機が熟す」ことであり、「絶妙な好機が到来する」ことである。ドイツ語のZeitigungは英語のtimingに当たり、時熟とは要するにタイミングが合うことである。しかし、それだけでは全く深みがない。ハイデガーが言う「時熟」は根源的時間の特殊な「存在様式」を表す概念であり、「タイミングが合う」といった単純な事態を指すものではない。根源的時間は時間測定によって対象化される以前の「生きられる」もの、ないし「存在される」ものであり、意識と存在の生命的統合の次元において機能している。そして、それは存在と生成が表裏一体となった形で過去・現在・未来を一つのプロセスに合流せしめる働きをもっている。このように三つの時制を合流せしめ、それを稀なる好機へと誘導し、機を熟せしめること、それが「時熟」なのである。

「機が熟す」と言うと現在が優位に立っているように感じるが、「時熟」においては存在と生成が一体になっているので、現在は過去と未来から決して切り離されず、三つの時制が一つのプロセスへと統合されつつ時間の生成（＝時成《じせい》）が起こるのである。これは「時間が生きられる」という事態を介して、客観的存在の次元から主観的意識の次元へと反映される「時間の生成の出来事」である。もともと「永遠」という概念は存在や生命の「意味」に関わるものなので、意識や価値観や感情と不可分なのである。「永遠」とは「永遠を思う心」であり、「時間の中に在りながら時間を超えようとする衝動」である。「止まれる今」とか「永遠の現在」とかいう伝来の永遠観は、三つの時制のプロセス的統合から現在を分離・単独化し、かつ生成を無視した瞬間的存在理解から生まれたものとみなされる。またその際、時間と空間の融合性も無視されている。これは直前に述べた衝動の曲解に他ならない。

過去と現在と未来の間にはそれぞれ「時間的空間」がある。つまり、過去と現在の間には間隔があり、経過があり、履歴があり、関係性がある。これは現在と未来、および過去と未来の間にも存在する。現在と未来の間に間隔と関係性があることは誰もが認めるであろうが、その二つの間に経過と履歴があると言われると頭をひねりたくなるかもしれない。つまり、既に起こったこと（過去）と今起こっていること（現在）の間には経過と履歴の事実があるので、それを理解しやすいが、今起こっていること（現在）と未だ起こっていないこと（未来）の「間」自体が未だ存在していないように思えるので、その二つの間に経過と履歴がある、などという発言は矛盾とみなされるのである。しかし、読者の誰もが経験している通り、かつての現在（P1）にとって未来（F1）であった「時点」（P2）は、そのずっと後の現在（P3）にとっては過去であり、それが「現在」（F1→P2）になった時点では存在していたことになる。生々流転して止まない現実の時間世界ではP1が「止まれる今」ないし「絶対的現在」として君臨し続けるわけではない。P1はいずれP2、P3へと推移して行くのである。「いずれ」ではなく「すぐに」と言ってもよいほどであ

図1

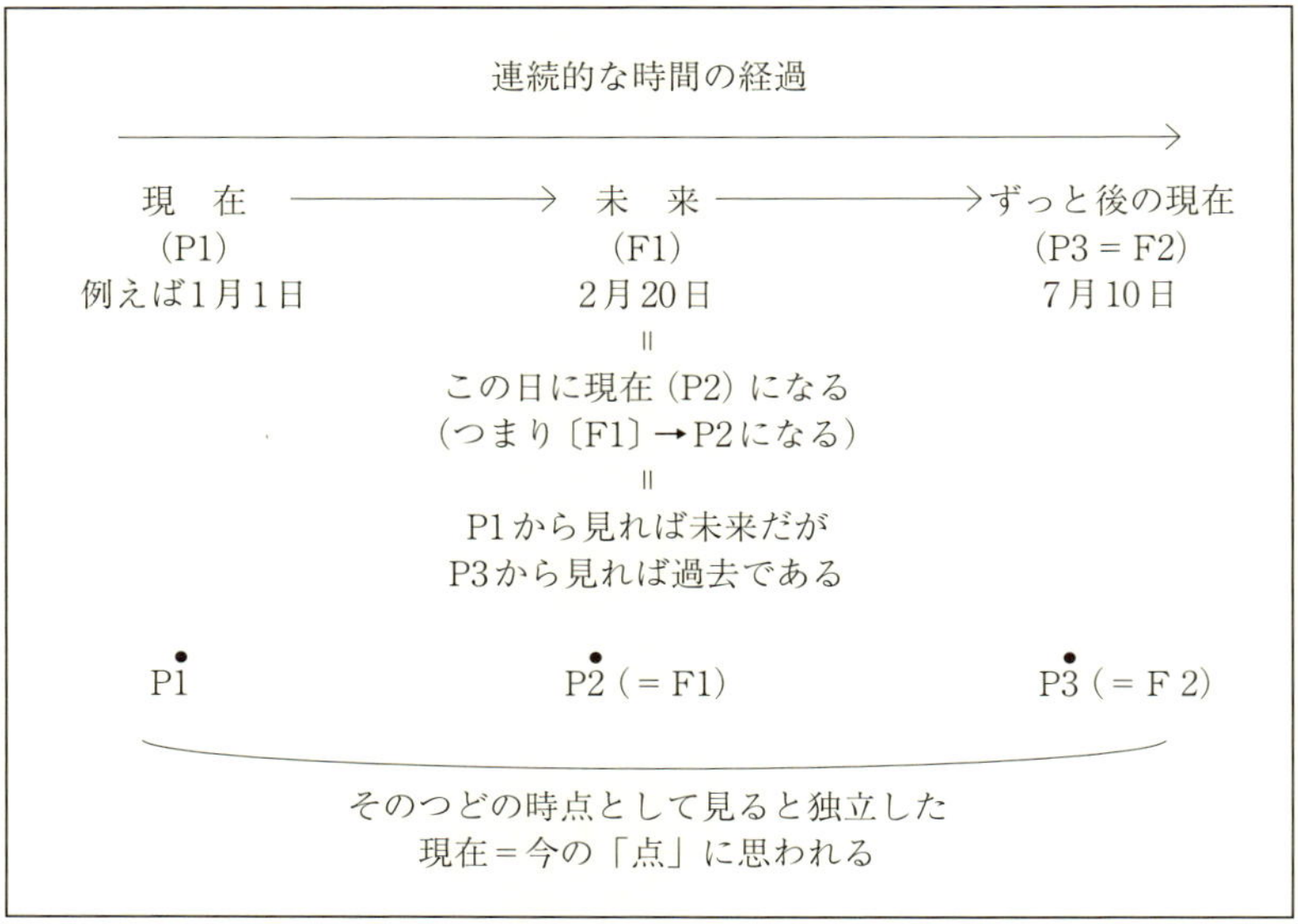

る（**図1**）。それゆえ、一見経過と履歴が未だないように思えるP1とF1の間には、すぐに現実態となる「可能態」としての経過と履歴があったことになる。現実態のみ存在するものの名に値すると考え、可能態にそれを認めないのは、存在と生成の統合的次元に目が開かれていない証拠である。それに対して、存在と生成を対立させずに融合的に捉える観点からすると、過程（process）がそのまま実在（reality）となり、過去と現在と未来は一つの生成のプロセスの中での統合的「存在」として理解される。そして、こうした生成的存在理解から見ると、P1とF1の間には確定的予想要素としての経過と履歴があったことになる。もちろん、それはP1の時点では現実態となっていないが、生成の力に引っ張られた現実性の極めて濃厚な「可能態」として存在していたのである。このように「可能態として既に存在していた」ことを認めるためには、繰り返すが、存在と生成の統合的時点に常に目が開かれていなければならない。

ここで過程（process）をそのまま実在（reality）とみなす観点に加えて、この二つを一つに取りまとめてactualityとして理解することが肝要となる。actualityはもちろんpossibility（可能性）に対するものとして「現実性」と訳されるが、ここでは「現在進行形」というその一般的意味を敷延しつつ、「新奇への創造的前進」を意味する「生命的世界の創発現象」としてそれを捉えることが推奨される。これが筆者の言う「生命の大いなる連鎖」に直結することは、注意深い読者ならすぐに分かるであろう。現実は時間の矢に引っ張られた生成的存在であり、現在進行形であるのみならず、全時制統合的次元において進行形なのである。それゆえactualな世界においては、過去と現在と未来は相互推移的関係態において融合ないし統合しつつ、一つの生成的現実が形成されているのである。しかし、それではまだ足りない。これに空間性を加味してactualな世界の生成的存在を捉えなければならないのである。

3　時間と空間の統合的次元において永遠を理解するということ

前節で過去と現在と未来の間にはそれぞれ「時間的空間」があることを指摘した。時間は全く長さのない「今」の数珠つなぎではなく、生成的推移の振幅を伴う「現在」の連続である。それゆえ、そのつど意識に「現在」として自覚される時間の不断の流れにおいては、過去と現在と未来がそれぞれの間にある「時間的空間」によって相互浸透的ないし交互貫入的になっている。つまり、過去⇅現在、現在⇅未来、過去⇅（現在）⇅未来という生成的相互浸透が時間の流れの中で繰り返し起こっているのである。ただし、ここで往復の矢印（⇅）はタイムマシンを示唆するものと受け取られてはならない。それはあくまで時間意識における三つの時制の生成的統合の把握に関することなのである。ただし、それは空間から切り離された純粋の時間の流れに関することではない。それは三つの時制の間にある「時間的空間」、ならびに時間とともに現実の根本を形成している一般的な意味での「空間」双方と不可分な形で把握された「空間性の意味合いを帯びた時間」の自己組織化的生成活動を指し示すものなのである。

我々各自は生活経験ないし人生行路の中で「現実になった未来」や「かつて確実に現在として存在し、その後過去となった事柄」を繰り返し、繰り返し体験している。過去の事実は現在の事柄に影響を及ぼし続けるという意味で存在し、その影響は未来にまで及んでいる。それは各自が今の時点で五年前から一〇年前のことを想い出してみれば分かることである。また、一見全く未知で予測不可能に思える未来の出来事は、過去と現在から不可分の生成的到達点としての創発的性格を帯びている。創発とは新奇への創造的前進を意味し、それに照らして言うと、未来は過去と現在を創造的前進の有意義な契機として再生させるべく機能することになる。この場合、未来は「到来」と言い換えた方がよい。未来は全現実の創造的前進ないし創発的生成を「時間の矢」によって牽引しつつ、過去と現在をその前進に引き込むものとして、まさに「到来」という意味合いを帯びているのである。これは第9章で「未来からの逆ベクトル」と表現されたものにあたる。

筆者が記《しる》した三つの時制間の往復矢印は以上のことを顧慮して理解されるべきものである。過去と現在と未来は時間の大きな流れの中で繰り返し、繰り返し相互に入れ替わり、一つのプロセスを形成し、そのプロセス自体が巨大な生ける実在（reality）となっているのである。

ところで、前に「生の円環と時間の矢」について述べた。「生の円環」とは我々各自の生（life）が環境世界と相互作用の円環を形成していることを意味する。それはまた、各自の生が有限でありつつも、世代交代において生命の大いなる連鎖を維持して行くことを意味する。我々の意識と生は基本的に環境世界と他者に対して開かれたものであり、自己の状態をモニターしつつ環境世界と情報のフィードバック・フィードフォワードのループを形成している。このループは脱自的（遠心的）なベクトルによって駆動されつつ、自己回帰的（求心的）な方向性において完成する傾向を有している。つまり、我々各自は行為において環境世界へと遠心的に関わり、反省的意識において自己へと求心的に回帰するのである。この遠心と求心は循環しており、一つの円環を形成している。そして、これはこれまで何度も触れた世界内存在の空間性に当たる。

我々の生は、このような円環的空間性をもちつつも、時間の矢に牽引された不可逆の前進性を有している。しかし、三つの時制間にある「時間的空間」を介して、一旦立ち止まって自己の生の意味を考えるゆとりもある。そして、円環的空間性と時間的空間が接触し融合するとき、時間の矢に牽引された生命の大いなる連鎖の一契機としての自己の生の意味が意識に顕現してくるのである。これは時間と空間の統合的次元において「永遠」の意味が顕現してくることに他ならない。

永遠をもっぱら時間との関係において捉えようとするから、叶《かな》わぬ無終極性や現実を無視した垂直方向の超時間性を思慕してしまうのである。それに対して、空間を思考の補助線とし、時間と空間の融合性に目を開くなら、永遠のもつより深い意味が理解できるようになる。また、古来永遠の概念には個人の「霊魂の不死性」という観念がまとわりついていたが、これが空間という補助線によって「生命の大いなる連鎖」という理念へと置き換えられる。これは「空間」という媒介項によって視点が個人から集団性へと転換したことを意味する。空間は時間を包む場所的性格を有し、縦の一方向に偏りがちな個人の時間意識を横ないし周囲に向け換えてくれるのである。それによって「死すべき者どもの共同体」としての人類社会、いや生物社会全体が、個人の死の継承によって「生命の大いなる連鎖」を形成し、それを顧慮して永遠概念を再把握することが可能となる。これは時間と空間の統合的次元において「永遠」を理解することに他ならない。

このように言うと、個人の存在価値が蔑《ないがしろ》にされた、と思うかもしれないが、そのようなことは全くない。むしろ個人の存在の意味が生命の大河に掉《さお》さしたものとして捉え返され、個人における超個人的存在価値に目が開かれるのである。これはもともと人間に備わっている「個でありながら個を超えようとする衝動」が暗闇の中から顕在化したことを意味する。つまり、内面性への囚われという暗闇を打ち破って、その衝動が顕在化したのである。

アレクサンダーは「時間は空間の心であり、空間は時間の身体である」と言った(6)。我々は心と身体の統合体であり、個人の存在の価値は心的側面と身体的側面、あるいは精神的側面と物質的側面から成っている。さらに、心と身体、精神と物質が統合して個人の存在の生命的価値が形成されている。さらに我々人間には社会への帰属性も備わっており、個人の存在の価値は個別性と集団性、ないし個人性と社会性の両側面をもっている。両義性と言った方が適切であろう。では、これをアレクサンダー主張に当てはめて言うと、どうなるであろうか。時間は個別化および内面化と連携し、空間はその傾向を諫《いさ》めて横への超越ないし集団化へ誘《いざな》う。そして、時間と空間は融合して前述の真の永遠性へと個人の視線を向け換えるのである。これは心身統合体としての人間が時間と空間の統合的次元において永遠の概念を捉え返したことを意味する。

不死の思想は常に身体（物質）から心（精神）を切り離すことを趣旨としているが、それは時間の身体としての空間を無視して、唯心論的観点から時間と永遠の関係を理解しようとしていることに他ならない。さらに、不死の思想は個人の生命の価値にばかり目が向いて、人間の中に「個でありながら個を超えようとする衝動」が潜んでいることを無視している。つまり、思考が時間的に二次元化し、狭窄をきたしているのである。それを立体化し豊かなものにするのは、時間の身体として環境世界および生命の集団性へと個人の意識を開かせる「空間」である。空間はまた時間の流れの中にも内在し、時間的空間を形成していることは前述の通りである。

「あった（過去）」と「ある（現在）」と「あるだろう（未来）」のうちから「ある（現在）」だけが際立たせられて永遠と結びつけられ、「あった（過去）」と「あるだろう（未来）」が無視ないし軽視されてはならない。「あった（過去）」と「ある（現在）」と「あるだろう（未来）」はそれらを包む空間の力よって統合され、一つの巨大な生成の流れを形成しているのである。真の永遠性は三つの時制を統合する一つの巨大な生成的存在の流れに照らして理解されうるのである。そして、この流れは「生命の大河」ないし「生命の大いなる連鎖」と言い換えられて然《しか》るべきものである。

4　時間の矢と生命の大河

本章は時間と永遠の関係を主題とし、空間を思考の補助線とすることによって、とりあえずは結論らしきものを得ることができた。「とりあえず」とか「らしきもの」と言うと、「蓋然的な推論なのではないか」と批判されそうだが、哲学においては明確な結論にこだわるよりも問いかけの深さの方が重要なのである。そして、その問いかけの深さが付随効果を生むのであるが、本章においてそれは「時間の矢」と「生命の大河」の関係への視点の創発として現れた。

既に何度も述べたように「時間の矢」は自然界の現象がすべて不可逆の前進性をもっていることを時間的比喩によって言い表したものである。「覆水盆に返らず」という言葉通りに、一度こぼれた液体はその後それが入っていた容器に戻ることはない。また、走行中に電柱に激突して大破した乗用車が数時間後に元通りになることはない。人為的手段によってある程度は復元できるが、自然状態で放置すれば、元に戻ることは絶対にない。自然界の物理的現象は放っておくと形態が歪み、構造が崩れ、秩序が乱れ、崩壊から消滅への道を突き進むようになっている。これをエントロピーの増大と言う。エントロピーとは「無秩序さの度合い」を意味する熱力学由来の概念であるが(7)、近年情報理論やシステム論や生命論において頻繁に用いられるようになった。

我々各自の生命、ならびに全生物の生命は、この時間の矢に牽引されて不可逆の前進を遂行し、最後に死に至る。これは自然の定めである。しかし、これまで何度も述べてきたように個々の生命体の死は、次の世代の生命の維持の基盤として働き、全体としての生命の存続を可能ならしめる重要な契機となっている。ただし、我々にはもともと「唯一無二のかけがえのない〈私〉」というものにこだわる心性が生来備わっており、次の世代とか生命全体ということを無視して、この「私」個人の不死性を希求する方向へ逸脱しやすいのもまた事実である。霊魂の不死性の観念の結びついた古来の「永遠」の概念は、常に個の存在への愛着ないし小さな「私」への執着から生まれたものである。その際、生命の意味を問う当人の意識は、視野が狭窄して全体としての生命ということを見失っている。全体としての生命は個々の生命体の死の連鎖によって成り立つものであり、自己組織化する能産的自然の豊饒なる生命性を表している。こう言うと、個の存在の価値を無視した全体主義の主張にように受け取られるかもしれないが、それは当たっていない。個の存在の価値は、個の内面で循環し狭窄をきたした意識によって捉えられうるものではなく、「個でありながら個を脱しようとする衝動」によって駆られた意識拡張的姿勢によって初めて理解可能となるのである。その際、個と全体はうまく調和し、個が全体に解消されることはなく、各人は自己の個性を伸ばし、創造的な人生行路を歩み、自己の存在の価値を満喫することができる。ただし、その際他人も自分と同じように当人の「かけがえのない自己」をもっていることを了承する態度が要求される。「要求される」と言わずとも、ほとんどの人が自然とそれを実行できることは誰もが認めることである。

我々は、こうした意識拡張的姿勢によって「永遠」の概念を再構築しなければならない。それは「時間の矢」と「生命の大河」の関係を顧慮して永遠というものを理解することを意味する。

「生命の大河」は、筆者がここ一〇年の間ひたすら説いてきた「生命の大いなる連鎖」を時間の「流れ」の比喩に合わせて言い換えたものである。つまり、時間の流れ、ないし時間の矢との関連を明確にするためには「生命の大なる連鎖」を「生命の大河」と言い換えた方が適切だと思ったのである。

もちろん「生命の大河」ないしそれに類する言葉は古来あった。しかし、筆者はあくまで独自の思索の果てにこの言葉を選んだのである。何といっても、この表現は「意識の流れ(8)」および「時間の流れ」という隠喩と相性がよく、時間の矢と連携した不可逆の生命過程を表すのに適している。またそれは個々の生命の細い川が合流する「悠久の大河」の含みをもたせやすいという利点ももっている。

意識の流れが時間のそれと連携していることは誰もが体験し認めるものだが、この意識と時間の相即的な「流れ」の感覚が生命の意味の感得に影響を及ぼすこともまた気づいている人は気づいているし、理解しやすいことであろう。

ところで、筆者が強調する「生命の大いなる連鎖」の概念は「君自身にではなく自然に還れ」という思想と常に連携している。古来、永遠を希求する意識は、とかく個の内面に沈潜し、自然界の生命連鎖の法則を無視して、超自然的な精神世界に現世の個の生命の延長を求めてきた。これは「自然から逸脱した〈私〉自身へと還る」という悪しき個体主義を象徴する観念であり、筆者の言う「君自身にではなく自然に還れ」という思想の対極にある。

我々は「永遠」というものを理解する際、超自然的な精神世界に現世の個の生命の延長を求めずに、「君自身にではなく自然に還れ」という思想を参照しなければならない。そして、それは時間の矢と生命の大河の関係をしっかり捉えることと強く連携しているのである。

5　新奇への創造的前進と永遠

我々各自の生は有限である。しかし、有限な個別的生命の世代交代は、生命の大いなる連鎖を形成している。これは一見、有限＋有限＋有限……が「無限」となることを示唆しているように受け取られるかもしれないが、それは当たっていない。生命の大いなる連鎖もまた有限なのである。我々人類は地球上の全生物の中で特別なものであることを自負しているが、いつか絶滅する運命にあり、それは他の生物種と何ら変わりない。どの生物種も不滅でないとするなら、生命の大いなる連鎖の有限性は必然となる。そもそも宇宙自体に終末が予想されるとするなら、この世界には完全な無限性など存在しないのである。古来「永遠」の概念は、無限性および自然界の生成を超越した無時間性（常住性）と結びついて理解されてきた。我々は、このような有限vs無限、生成vs常住性という対置図式を超えて、永遠の概念を捉えなければならない。それはまた「生命の大いなる連鎖」という概念の理解にも適用されなければならない。

生命の大いなる連鎖の中でその構成員たちは、各自創造的な生命過程を構築し、全体としての生命界が「新奇への創造的前進」を遂行することに寄与する。この宇宙における物質の分子的進化が地球上に生命を創発させたのであり、物質も生命も時間の矢によって牽引されつつ、新奇への創発的進化ないし創造的前進を繰り返しているのである。そして「新奇（novelty）」とは、前件事象から因果的推論によって直接予想できない新たな突発事象を意味する。この「新奇」へと向かって生命の大なる連鎖は創造的前進を繰り返すのである。我々人間は意識的生命体として時間と空間に包まれつつ、この創造的前進の一契機であることを自覚することができる。そして、それは自らの有限性の中に生成的永遠が分有されていることを看取することを意味する。

コヴニーとハイフィールドが主張するように、「時間の矢」は決定論を否定しつつ、生命と物質の世界が創造的進化を繰り返していることを示唆する概念である(9)。決定論を否定するということは人間の自由意志を肯定することでもあり、創発主義的な自然と人間の理解につながる。我々はこの創発主義に則って永遠の概念を捉えなければならないのである。

注

（1）拙著『自我と生命――創発する意識の自然学への道――』萌書房、二〇〇七年、『心・生命・自然――哲学的人間学の刷新――』萌書房、二〇〇九年、『創発する意識の自然学』萌書房、二〇一二年を参照。

（2）プラトン『ティマイオス』37D（『プラトン全集』12、種山恭子訳、岩波書店、一九八七年、四七ページ）

（3）プラトン『ティマイオス』37E（『プラトン全集』12、四七ページ以下）

（4）M. Heidegger, *Sein und Zeit*, M. Niemeyer, Tübingen, 1979、A. N. Whitehead, *Process and Reality*, The Free Press, New York, 1978（山本誠作訳『過程と実在』（上・下）松籟社、二〇〇〇年）を参照。また両者の時間論を比較考証したものとして、D. R. Mason, *An Essay Based on an Analysis of the Concept of Time in Whitehead and Heidegger*, University Press of America, Washington, D. C., 1982も参照。

（5）M. Heidegger, *Der Begriff der Zeit*（*Gesamtausgabe Bd. 64*, V. Klostermann, Frankfurt am Main, 2004, S. 107ff.）、桑木勉訳『存在と時間』岩波文庫、一九八六年（下）の付録『時間』を参照。

（6）Cf. S. Alexander, *Space, Time and Deity*, Vol. 2, Macmillan, London, 1920, pp. 38f.

（7）熱力学の第二法則で使われるエントロピーという概念は「無秩序さの度合い」を直接指すものではない。「無秩序さの度合い」というのは熱力学上の本来の意味からすれば派生的なものである。しかし、その派生的意味の方が存在論的には便利で、様々な現象の理解に応用できる。本書では、そういう観点からエントロピーという概念を使っている。

（8）意識の流れに関しては、W. James, *Psychology: The Briefer Course*, Dover, New York, 2001, Ch. 2（今田寛訳『心理学』（上）岩波文庫、二〇〇二年、第11章）を参照されたい。なお、筆者の観点はジェームズ的な「意識の流れ」の思想を時間の流れに即応させたものである。一部には時間の流れ自体を否定する考え方もあるが、意識の流れに対応する時間の流れというものはたしかに存在する、と筆者は思う。

（9）P・コヴニー、R・ハイフィールド『時間の矢、生命の矢』野本陽代訳、草思社、一九九五年を参照。

終章　見出された存在の意味と時空

はじめに

プルーストの『失われた時を求めて』の最終章は「見出された時」というタイトルになっている。それに倣《なら》って本書の最終章は「見出された存在の意味と時空」とした。

我々は自己の存在の意味を求めて自分のこれまでの人生を振り返り、過去→現在→未来という時系列を附帯する世界の状態を見渡す。その際、自己の内省的思索だけでは足りないので、哲学や文学や宗教や科学における諸々の見解を参照する。同じ関心をもつ人と対話し議論することもある。

「そもそも私はなぜこのような形で今ここに存在しているのか。そして、なぜ宇宙は存在し始め、生命を生み出したのか。時間と空間はビッグバンとともに誕生したらしいが、宇宙が消滅するときそれらもまた消滅するのか。時間と空間が存在しない状態とは、いかなるものなのか。そもそも存在と時空はどのように関係しているのか」。

これは多くの人がときおり深い関心を寄せる問題である。それはたとえナイーヴなものであるとしても、やはり存在論的問題と呼べるものであり、人間の思考が最後に向かう究極の問題であることはたしかである。

我々はこの問題に客観的因果関係を探る自然科学的方法でアプローチすることができると同時に、この問題に関心をもつ者の「意識」に注目して、人間存在の時間性と空間性を解明する方向に進むこともできる。つまり、宇宙の存在ならびにその誕生と終末に関心をもつ当人の意識に存在論的視点を向け換えるのである。その際、宇宙全体の存在よりは個人の意識と存在の方がクローズアップされることになるが、これは前者が無視されることを意味しない。個人の意識と存在に絡む時空問題は、最終的には宇宙論的な時空問題と融合することになるのである。

宇宙の誕生→物質の分子的進化→生命の原基としての自己複製する核酸の創発→生命体における神経的情報の統合性の進化→脳の形成と進化→生物的認知能力全般の進化→意識の原型の創発→霊長類の進化の頂点に立つ現生人類における自己意識の誕生。このように、宇宙の物質進化の果てに我々人間の意識は創発したのである。そして、物質進化には物理的自然界の時間・空間的構成が常に関与していたのである。さらに、この進化全体を牽引しているのは「時間の矢」であり、それは不可逆過程を引き起こし、かつ物質進化と生物進化における創発現象を生み出すのである。

我々はこうした宇宙の時空構造を背景として存在の意味を問うのであり、その問いを発する「意識」は、時間の矢に牽引された生命進化の賜物なのである。我々各自の一回限りの後戻りできない人生行路は、失われた時を求める心を携えつつも、新奇への創造的前進を繰り返し、生物界全体の生命の大いなる連鎖に寄与する。「見出された存在の意味」とはこのことに他ならない。そして、その「意味」は自己と世界を交互往還的に統合する「時空構造」から発してくる。

本最終章では、これまで小出しにしていた「創発」の概念を本格的に取り入れ、かつこれまでの論述を整理し、要点を抉《えぐ》り出し、一回限りの不可逆の人生過程を歩む各自の存在の意味をできうる限り明らかにしようと思う。その際、各自の人生が自然の大生命と生命の大いなる連鎖の一契機であることを決して忘れてはならない。自己の人生の意味を考えることは宇宙全体の存在の意味を問うことへと連なっているのである。

1　改めて人生論と存在論の関係について考える

人生論は厳密な学問的哲学を求める学者たちから軽蔑されている。逆に一般の人々は哲学を人生論のことだと思っている。あるいは人生論＋世界観の思想体系ぐらいに受け取っている。日本人は特にこの傾向が強いように思われる。仏教や儒教の哲学的思想が文化の中に染み入り、価値観や生活習慣として刷り込まれているからである。それゆえ、日本人は科学哲学ないし科学的哲学という概念に極めて疎く、哲学を宗教や文学と類似のものと理解する傾向が強い。

西洋哲学の長い歴史において人生論は傍流に属すが、必ずしも軽視されていない。古代ギリシアのストア派やフランスのモラリストやパスカルとキルケゴールに始まる実存哲学において人生論は重視されている。筆者は基本的に科学哲学（科学と対話する哲学）を好むが、人生論も決して軽視しない。とはいえ、さすがに典型的な人生論は歯がゆく感じる。そのナイーヴさが我慢ならない。

典型的な人生論とは「人生いかに生きるべきか」を自らの経験に照らして論じたものが多く、精神論的であり、科学との対話がないし、理論体系として構築しようとする意志が窺《うかが》われない。ただし、すべてがそのようなわけではなく、一部には目を見張る内容のものもある。そして、それはやはり科学と対話し、単なる精神論や文学的趣向や宗教的関心を超えて、厳密な理論的考察たらんとするものである。それでは、それはどのようなものとして可能となるであろうか。

まず、人生論を「人間的生命の意味の考察」と受け取ることが要求される[1]。つまり、直接「人生いかに生きるべきか」を問う方向に突き進まずに、人生論を「生命」の本質と意味への問いかけに置き換えてみるのである。その際、人間の生命が関心の中核となるのは言うまでもないが、生命全般にも目が配られる。すると、生物学、生命科学、医学、あるいは現代のシステム論といった科学分野との対話の途が開けてくる。生命倫理にもその傾向があるが、筆者が求める科学哲学的人生論は存在論との関係が深く、倫理学的ではなく理論哲学的なものである。第3章で存在論と他の哲学分野の関係を論じた際、時空論と生命論と心身問題と意識哲学を取り上げたことを思い出してほしい。筆者の構想する科学哲学的ないし理論哲学的人生論は、これら四つの分野と連携する存在論と不可分のものなのである。

我々各自の人生行路は基本的に死へと向かう時間的なものである。この「死へと向かう」ということを「死へと関わる」と言い換えてもよい。我々各自が有限な(終わりある)時間を生きているということは、単に死という終末へと不可逆に向かって行く、というだけではなく、現在の生の中で死を意識し、自己の人生におけるその意味を考える、ということも含意している。つまり「死へと関わる」ということは、死を意識し自己の有限性を深く自覚しつつ人生の意味を考える、ということなのである。「死へと向かう」ということが縦軸の直線的前進を意味するのに対して、「死へと関わる」ということは過去を振り返り未来を予想しつつ現在において死を意識するということなので、直線的前進の縦方向から外れる振幅性をもっている。これは縦軸に対する横軸を意味し、必然的に空間性を含意することになる。

我々の人生も宇宙全体の物理的自然も基本的に時間の矢によって牽引される不可逆過程によって形成されているが、自然の自己組織性はその秩序形成作用において単なる直線的前進性を脱する傾向をもっており、それは人間の生命活動を介して各自の意識に反映する。宇宙の誕生、物質の分子的進化、太陽系と地球の誕生、地球上での生命の誕生、大陸移動、日本列島の形成、人類進化における自己意識の創発……等々、といった自然界における進化的出来事はすべて単純な直線的前進ではなく、過去の出来事を未来に向けて回収しつつ現在の出来事の生成的形成を引き起こすような進行性をもっている。つまり、基本的に未来という前方に向かって不可逆に進む傾向をもっているのだが、その進行性は決して過去を振り捨てることではなく、それを未来に向けて回収しつつ創発の構成契機に仕立てる深い生成的時間性を基盤としている。そして、この深い生成的時間性は横軸の空間性を携えつつ、未来に向かって自己組織化的進化の道を突き進むのである。

ここで「横軸の空間性を携えつつ」というのは、時間と空間が不可分の統一体として世界と自己の存在形式の根本を形成していることを意味する。つまり、時間の生成的存在性格が横軸への振幅性をもち、それが時間の矢に世界の空間性への関与を生み出すのである。自己の意識の内部の時間の流れも外部の物理的自然界の生成的出来事もともに時間の単独の流れ（ないし進行）ではなく、常に空間との融合性をもっている。この空間との融合性が過去→現在→未来という時間単独の観点から見られた不可逆の前進性に世界への関与という振幅性を付与し、その結果、過去⇅現在⇅未来という時制間の相互浸透が「意識」を介して発生してくるのである。これは現在‐空間が過去‐空間ならびに未来‐空間と「空間」という契機によって統合されていることを意味する。

我々は時間の流れの中で世界空間における生成的出来事を知覚しその意味を捉えるが、その知覚と理解の作用には常に記憶と予期が修飾因子として関与してくる。記憶は過去からのものであり、予期ないし予想は未来への方向性をもつが、これが現在‐空間に参与する意識を介して「知覚の現在」に集約・統合されるのである。人生の意味を考えるときにも同様のことが起こるのは言うまでもない。

我々人間の生命は環境世界の空間性と身体性を介して統合性をもつことは前に指摘した。「人間的生命の意味」としての「人生の意味」を考える際にもこのことは顧慮されるべきである。人生論は一般に死生観と親近性が強いが、これに理論哲学的深みをもたせて存在論と連携させるには、やはり時空論や心身問題や意識哲学と対話しなければならない。そしてその際、生命論が統合の役割を請け負うのである。そんな難しいことを考えずに、とにかく「人生いかに生きるべきか」に関する実践的で具体的な指針が欲しいという人は、人生論と存在論との関係に興味をもたなくてもよい。ただ、そうした姿勢では深い知恵や真理に到達できないことだけは自覚しておいた方がよかろう。

東洋の哲学は科学と対話しようとしないし、そもそも東洋では物質科学ないし物理科学が育たなかった。西洋科学の揚げ足を取って、上から目線で「西洋技術文明の限界」などと言うものの、東洋の哲学にはただ「達観」しかなく、人間を含む自然界の事象を「なぜ」という観点から探究する姿勢がない。たとえば、福島第一原発事故の事後処理に関しても東洋哲学は説教的視点しか提供できず、廃炉や除染や新たなエネルギー政策に関する具体的な技術的指針にはタッチできない。達観は達観でしかないのである。偉そうに上から目線で説教臭いことを言っても、技術的なことには何の寄与もできない。我々にとって有益なのは、小出裕章さんのような反原発主義の科学者の思想なのである。それと生得的良識ないし常識的良心によって活動する一般市民の力である。ただし、その際にも科学と物理的自然に関する基本的教養は必要である。また社会科学的観点も重要である。「人間の深い物欲が自然の恩恵を忘れ……」などと言っても何の解決にもならない。「津波が我執を洗い流した」などという三流作家兼似非《えせ》政治家の戯言《たわごと》など愚の骨頂である。科学が優れているのではなく、「なぜ」と合理的に問い詰める姿勢が大切なのである。その姿勢に則って存在論と人生論の関係について考えてみることは極めて意味深い。

「なぜ宇宙はそもそも存在していて無ではないのか」「なぜ世界はこのような様態で存在し別様ではないのか」「なぜ私は存在しているのか」という存在論的問いかけは、「なぜこの宇宙に生命が誕生し、生物は進化するのか」「なぜ私はいつか死ぬにもかかわらず、生きて行くのか」「人生の意味とはそもそも何なのか」という問いかけと隣り合わせであることは誰でも分かると思う。存在論と生命論（ないし人生論）は重なる部分をもっているのである。親密な関係にある、と言ってもよい。西洋哲学おいて存在論を初めて理論哲学的に体系化したアリストテレスは、存在論としてのphilosophy（知への愛）が「なぜ」という問いかけから始まることを示唆している。西洋最古のイオニアの自然哲学において自然的世界の質料因の探求から始まったphilosophyは、プラトンのイデア論的存在論を介してアリストテレスにおいて自然的世界の究極的な形相因と目的因の探求へと深まったのである。

世界の存在根拠の解明のためには、質料因だけではなく形相因と目的因への問いかけが必要となる。自己の存在根拠への問いにおいても同様である。そもそも「なぜ（why）」という問いかけは「どのように（how）」という問いかけと違って、目的因と形相因へと強く方向づけられたものだからである。たとえば、若くして癌《がん》になり余命いくばくもない人が「なぜ私だけがこんな重病に冒《おか》され、若くして死ななければならないのか。そもそも私がこの世に生まれてきた意味は何なのか。ひいては、なぜこの宇宙に生命が生まれ、その意味を問う意識が人間に授かり、何が死に向かう私に生命の意味を問わせるのか」と問う場合、彼は宇宙と生命と自己意識の誕生の質料因への問いを超えて、目的因と形相因を希求しているのである。とりわけ自己の存在と生命の「意味」を問い求めているのである。

普通、物理学系の宇宙論は自己の存在や生命の意味に関与しないが、例外もある。湯川秀樹の薫陶《くんとう》を受けた生理学者の品川嘉也は『意識と脳』という著書において宇宙の誕生と物質進化と生命の誕生と生物進化を経て人間の自己意識が誕生した経緯を科学哲学的に論じている。件《くだん》の著書の副題は「精神と物質の科学哲学」となっており、深い次元で科学と哲学の関係を論じたものとなっているが、宇宙の中での自己存在の意識を重視しているという点では存在論と人生論の関係の考察へと敷延しうる可能性も秘めている。(2)

そもそも精神と物質の関係を問うことは「自然の中での人間の生死の意味」ということと深くつながっている。

我々各自は世界の中で自己の存在を自覚し、その意味を問うが、その「意味」は自然と人間、物質と精神の狭間から生まれてくる。意味や価値を一方的に精神的次元に引き寄せて理解したがる人が多いが、それらは実は物質と精神の中間から創発してくるものなのである。若くして癌に罹患した人の断末魔的な人生の意味への問いかけも、細胞の癌化とその増殖・転移という物質的次元に対する不断の念慮と自己存在の意味という精神的次元への関心との不可分の統一態において生じてくる。さらに、この問いかけの視野は「生命」そのものの意味へと拡大され、同時に心と身体、精神と物質の関係が改めて関心の的となり、そこから存在論と人生論の関係が仄《ほの》かに見えてくる。

もともと「生命」は物質と精神の中間に置かれ、両者の媒介項として理解されてきた。これは物心二元論を乗り越えようとする「生命の思想」の観点であり、古来様々な立場から論じられてきた。人生論を精神論へと偏向させないためには、ぜひこの観点を取り入れ、世界の全存在領域に関わる存在論と対話できるようにならなければならない。つまり、精神的次元のみならず物質的次元も取り上げる存在論と連携できるようにならなければならないのである。そうすれば、哲学と科学との統合的次元にも目が開けてくるし、人生論は精神論的ナイーヴさを脱して存在論的洗練性をまとうようになるであろう。

ちなみに現代のシステム科学は、近代科学の還元主義と機械論を超えた融通性を備え、人生の意味を生命の質料因へと還元するような観点は取らない。多くの人が自然科学系の科学に唯物論と還元主義のレッテルを貼り、それを人生論、ひいては哲学全般と無縁のものとみなしてしまう。そのような見方は全く不毛であり、思考の狭窄《きょうさく》を引き起こすものでしかない。逆に、科学に身を開いていれば、自己存在の実存的意味を率直に問うことができるのである。その問いには自己の脳と細胞と遺伝子の働きが引き起こす生命活動という物質的次元が不断に関与し、さらにはその背景には宇宙の物質進化と生物進化が控えている。二元論の悪しき傾向は、自己存在への自己意識の集中においてこうした自然的基盤が視野の外に排除されることである。

2　改めて失われた時を求める心について考える

さしあたって我々にとって不明瞭で忘却の彼方にあるように思われる「存在の意味」は「失われた時を求める心」によって問い求められ、見出される。プルーストは「失われた時」を求めて記憶を掘り起こし「見出された時」に到達したが、我々は忘却された存在の意味を求めて世界と自己の時空構造を分析し、かつ能産的自然の自己組織性を顧慮しつつ「見出された存在の意味と時空」という真理に到達しようとした。

そもそも我々はなぜ失われた時や忘却された存在を取り戻そうとするのだろうか。別に時間の進みゆくままに身を任せればよいではないか、とも思われる。しかし、意味や価値を求めて新奇への創造的前進を企てようとするのが我々人間の性《さが》なのである。特に意識の働きの質が高い人は、エントロピーが増大するだけの時間の経過に逆らって自己と世界の存在の意味を捉えようとする。これは時間泥棒の悪意に抗して、自己の存在の意味と密着した本来的時間性を取り戻そうとすることに似ている。「時間泥棒」というのは一応比喩であるが、それを存在論的に精密に再定義することもできる。すると、時間泥棒の犯人が実はあわただしく過ぎ去る時間を嘆きつつ日の欲求に没頭していた自分自身だったことが判明する。つまり、自己の意識が「エントロピーが増大するだけの時間の経過」に翻弄されて、自己と世界の存在の目的因と形相因に対して盲目となり、ニヒリズムに陥ってしまっていたのである。

同様に空間泥棒というものを想定し、その悪意に抗して存在の意味と空間の質の関係を捉え直すこともできる。既に述べたように、自己の生きられる身体と環境世界の統一性から理解された空間性が存在の意味と深く関係し、その関係を正しく理解することが空間泥棒に抗して世界へと開かれた自己を取り戻すことを可能にするのである。さらに、時間と空間は融合して意識の生命的活動を整合化し、存在の意味の自己回収（取戻し）を最高度に強化することになる。

こうしたことを念頭に置き、かつここにきて「創発」の概念を思考に取り入れようとすると、第1章で引用したプルーストの次の文章は一層意味深いものとして際立ってくる。

> 過去を喚起しようと努めるのは空しい労力であり、我々の理知のあらゆる努力は無駄である。過去は理知の領域の外、その力の及ばないところで、何か思いがけない物質の中に（そんな物質が与えてくれるであろう感覚の中に）隠されている。その物質に、我々が死ぬ前に出会うか、また出会わないかは、偶然によるのである。

我々は普通、現在の意識の力によって過去を意志的に再構成しようとする。しかし、そのように再構成された過去は「現在化された過去」であり、過去そのものではない。時間の測定とその質の感得には常に観測主観の意識が関わっているから、意識の枠外ある過去というものを想定する必要がない、という反論が予想できるが、時間とは単純な過去→現在→未来の直線的経過でないので、もう少し深く考えた方がよい。時間の経過の中で蓄積してゆく過去は、単に過ぎ去った現在の連鎖ではなく、我々がそれによって生かされて生きている存在の根拠でもある。この場合「過去」というものが時間的意味からそれて存在論的ニュアンスを帯びる。我々が失われた時を求める際、単に記憶の糸を辿って過去の出来事を思い出せるだけ思い出すのではなく、何か自己の存在そのものの根拠に当たるものを求めているのである。「失われた時を求める」とは厳密には「失われた時を求める意識が高揚する」ということであり、単純に時間の経過を逆戻りして過去を再現しようとするのではなく、自己の存在根拠への関心が高まり、「過去」が「失われた自己」と結びついて存在論的意味合いが濃くなるのである。つまり、過去は単に過ぎ去ったものではなく、現在の自己に影響を及ぼし続けるものであり、現在の自己がその恩恵の下に成り立っている存在の基盤なのである。だから我々は「失われた時を求めて」という言葉を聞いたとき、単純な過去の想起を超えて、何か自己存在の根拠のようなものを漠然と連想するのである。「自己存在の根拠」を通俗化して「魂の故郷《ふるさと》」と言い換えてもよい。ナイーヴな表現は厳密な学問的哲学にはふさわしくないと言う人もいるが、厳《いか》めしい言葉を使うから深い思索だというわけではないのである。真の哲学は素人にも分かりやすいものである。

ハイデガーは一般的時間概念における「過去（Vergangenheit）」を存在論的に厳密化して「既在性（Gewesen-heit）」と言い換えたが、それを筆者はプルーストの「失われた時を求めて」というモチーフとかみ合わせて、右に述べたようなことを考えているのである。ただし筆者は単に二人の思想を折衷したというわけではなく、空間性や創発の概念も加味して、新たに「失われた時を求める心」の意味を捉えようとしている。

ところでプルーストは、過去は理知の力の及ばないところにあり、意志的記憶によって喚起できないことを強調している。それに対して、菩提樹のお茶に浸したマドレーヌの味と香りのような思いがけない物質が突如堰《せき》を切ったように過去の記憶を再現せしめる、と力説する。「物質」と言うよりは「物質に内在する形相とそれに関する感覚意識」と言った方が適切である。感覚意識とは特徴的な物質に対する感受性のことであり、この感受性から失われた時が失われた自己と一緒になって創発してくるのである。

ここで「創発」という言葉はしっくりくる。創発とは予期せぬ事態が突発することである。それを一応偶然の出来事と言ってもよいが、厳密には創発は偶然と必然の区別を超えている。つまり、それは偶然でも必然でもない突発事象であり、かつ新奇への創造的前進という未来への生成的発展のベクトルを携えている。それゆえ、ある物質に内在する形相に感応した感覚意識に触発されて突如蘇《よみがえ》ってきた過去の記憶は、この未来へのベクトルと不可分であり、その意味で単なる偶然の産物ではない。

たしかにそうした特徴的物質に出会うかどうかは偶然の要素が大きい。しかし、単に出会っただけでは過去の記憶が堰を切ったように蘇ることはない。その物質の形相に対する感覚意識の感受性が引き金となって、自己の存在（ないし人生）の意味にとって重要な記憶の再現が起こるのである。しかも、このとき「時間の矢」という世界の本質が記憶の再現に必須の基盤として関与している。つまり、自己の人生も生命の大いなる連鎖も時間の矢によって牽引されているので、ある物質との偶然の出会いによって起こる記憶再現という突発事象も結局は「時間の矢」によって可能となるのである。そして、このように時間の矢の関与によって引き起こされる、という点で我々の「失われた時を求める心」は創発的である。

ところで「創発」には「予期せぬ事態が突発する」ということの他に「新奇への創造的前進」という意味がある。これは我々各自の人生を創造的なものにするか不毛なものにするか、ということに関与してくる創発の意味契機である。また、我々の意識と生命の時間性は過去・現在・未来という三つの時制が相互浸透的に統合しつつ生成する。それゆえ我々各自の「失われた時を求める心」は、単に過去の感傷的な回想ではなく、未来からの逆ベクトルによって触発される「新奇への創造的前進」という意味合いを帯びている。これに対して「皆の人生が創造的だということはなく、若くして死んだり、生まれたときから障害を負っていたり、不幸な人生行路を歩む人がかなりいるではないか」という反論が予想される。また「新奇への創造的前進と言っても、我々各自が必ず寿命が来て死ぬし、有限性に深く彩られているではないか」という意見も出そうである。しかし、ここでぜひ個々の生命の終焉を超える「生命の大なる連鎖」というものを思い出してほしい。個々の生命は有限でも全体としての生命は創造的に前進して行き、無限に近似の様態を示すのである。

前に何度も言ったように、個々の生物が死ぬからこそ、全体としての生命世界が存続できるのである。その意味で生命の大いなる連鎖は個々の生命の死の連鎖によって可能となっている。「何と無慈悲な。善なる全能の神なら個々の生命も不死にして、その上で生命の大いなる連鎖を可能にしてくれると思うのだが」という希望的意見も一部の人から発せられそうだが、自然の摂理はそのような楽天的思考にはそぐわない。既述のように、すべての生物が不死になったり、その寿命が数倍になったりしたら、地球の生命維持環境は破綻し、結局は全生物が死滅することになるのである。つまり、不老不死への期待は生命のエコロジカルなモラルを無視した幼稚なエゴイズムにすぎないのである。

「失われた時を求める心」はこのエゴイズムを超えて、生命の大いなる連鎖を顧慮しつつ、自己の人生の過去の経過の創造的意味をエコロジカルなモラルの観点で想起し、その意味を感得しなければならない。それは、自己の有限性の自覚と生命全体の創造的進化が並行・相即することを理解しつつ、失われた時の想起と存在の意味の関係を捉えることに他ならないのである。

ここで再びウィトゲンシュタインの言葉が思い出される。彼は「いったい、私が永遠に生き続けたとして、それで謎が解けるとでも言うのだろうか。その永遠の生もまた、現在の生と何ひとつ変わらず謎に満ちたものではないのか。時間と空間の内にある生の謎の解決は、時間と空間の外にある」と主張した。我々が失われた時を求め、自己の真の存在の意味を取り戻そうとするとき、「生の謎」への関心が多かれ少なかれ背後に控えている。「生の謎」とは「私はなぜ死すべき者なのに生きているのか。なぜ自己と世界はこのような様態で存在し、別様ではないのか」というような問いかけである。この問いを発しておいて、ある者は通俗的な永遠の生（つまり魂の不死性）を求め、ある者はすべてを現世の時空内の問題に還元し、それに還元できないことは無視しようとする。しかし、存在の真理はこの二つの観点からは得られない。それについてはこれまで何度も論じてきたので、改めて説明する必要はなかろう。ただ、筆者は「存在と時空」という問題を立て、それを「生の円環と時間の矢」という観点から論じ、「生命の大いなる連鎖」を見やりながらエコロジカルなモラルの視点で解決しようとするとき、生の謎の解決は単純に時空の外にあるのではなく、深い意味での時空の内にあることを念頭に置いているのである。失われた時を求める心の意味を理解しようとするときも同様である。過去は過ぎ去って二度と取り戻せないという意味で失われているし、未来のいつかに必ず死ぬという点では自己の存在が完全に喪失することが約束されている。この二重の喪失に現在の意識は挟まれており、永遠の生を時間軸と空間枠のどこか外に求めてしまうのが人間の性《さが》なのである。これは現在の意識による主観的で恣意的な想像、つまり捏造であり、現実味はない。というか、現実からの逃避である。この主観的な捏造に陥らないようにするためには、プルーストが言うような「失われた時の記憶を喚起せしめる物質との偶然の出会い」を重視し、主観的な構成作用を放擲《ほうてき》することが必要となる。さらに、それに「創発」の概念を加味して、より深く考えるのである。

これによって「見出された存在の意味と時空」という問題をめぐる思索は最高潮の一歩手前に差しかかる。そこで次に「創発」のもつ深い意味について考えてみよう。

3　存在の意味と「創発」

リルケは「噴水について」という詩を「突然私にはいろいろ噴水のことが分る」という文句で書き出している(3)。また、プルーストは菩提樹のお茶に浸したマドレーヌのクオリア(感覚質)に触発されて、突如過去の記憶が鮮明に蘇ってきたことを語っている。他方、プラトンとハイデガーは「存在」という概念は決して自明ではなく、感覚世界や日常生活においてその真の意味が忘却されていることを強調した。では、この忘却された存在の真の意味は、何らかの契機(ないし機会)に触発されて、突如想起されるのであろうか。

プラトンは深い意味での存在のアプリオリズムを信奉し、我々は実は先天的に存在の真の意味を知っていたのだが、感覚によって幻惑されて、日常生活においてそれを忘却した状態にある、と主張した。つまり彼は、存在の真の意味は経験や推論や思索を積み重ねて獲得されるものではなく、ただ想起すればよいものだ、と言うのである。[4]しかし、我々の概念構成や論理的思考や直観が感覚と全く無縁だということはない。プラトンはあまりに感覚と感覚的知覚世界を軽視している。それに対してハイデガーは、さしあたってたいてい我々が置かれた日常生活と周囲世界から出発し、世界の世界性と根源的時間性の分析を経て、忘却された存在の真理をその隠蔽態から解放し、顕わにしようとした。その答えは「多様に語られる存在の意味の統一的規定が図式的な存在時間性（Temporalität）によって明らかになる」というものであった。これは道元の「有は時なり」という有時《うじ》の思想にかなり似ている。ただし、ハイデガーは感覚と意識と身体性について詳しく論じていない。これらを「生命」という観点に結びつけて統合的に理解し、かつ空間性の問題との関連を捉えてこそ存在の真の意味が顕わになると思われる。

　多く人はさしあたって漠然と世界を物質の複合体として捉え、物質に内在する形相が関係の輪を形成しつつ世界の情報構造が形成されていることを見逃している。プラトンにおいてイデアは感覚から切り離されて理解されたが、アリストテレスが言う形相は感覚と連続性をもち、後者から決して分離していない。物質的自然界に内在する形相の関係の輪から生まれる世界の情報構造は、我々の感覚意識に直接訴えかけ、感覚の深い質の感得を介して、失われた時と忘却された存在を取り戻すことを可能にしてくれる。とすれば、存在の真理は、感覚を超えようとする姿勢からではなく、感覚の深みに達しようとする観点から得られるはずである。プルーストはそれを文学的に表現したが、我々は「創発」の概念を援用して、さらに哲学的に緻密に捉えようと思う。

　繰り返すが、「創発」とは予期せぬ事態が突発することである。しかし、この概念を使って、即座にリルケに倣《なら》って「突如私には存在の真の意味が分かる」と宣言することはできない。やはり存在の真理は探究や思考を介さずに突如ひらめくものではなく、プロセスを経て徐々に到達されるものなのである。

また、「創発」という概念は「複雑系」という概念と密接に関係している。この場合、世界が物質粒子の複合体ではなく、システムを単位とする事象の複合体であることを理解する必要がある。システムは構成をもった構造体なので、複雑系という存在様態を取り、そこから要素に還元されえない創発的特性を生むことになる。つまり、あるシステムの全体的特性は構成要素の線型的加算の完成によって理解できるものではなく、構成要素が複雑に絡み合って、線型的加算の結果を超える「新たな性質」が現れることを顧慮して、初めて理解可能となるのである。創発的特性とはまさにこの新たな性質のことを指している。我々は感覚意識の深みから出発し、さらに存在論的思考を徐々に厳密化しつつ、存在の真の意味（存在の真理）を創発主義的に捉えなければならないのである。

ところで、システムにしろ、事象にしろ、それらは必ず時間と空間によって構成されている。単独の物質粒子なら時間を剝奪されたシンプル・ロケーション(5)によってその存在が規定されうるが、システムや事象は時間的に生成し変化し複雑化し進化し、さらに空間的性質も帯びるので、その存在を理解するためには時間と空間を統合する観点を加味しなければならないのである。

たとえば、私の存在の意味は私の物体的な一時的存在位置を確認しても理解できない。立ち止まったり、就寝したり、座ったりしているとき、それは前後の行動との関係の中でのみ意味をもつのである。私は生活の脈絡の中で意識と自由意志を働かせつつ行動するのである。さらに、その行動は他者や環境世界の状態との不断の関係性の中でなされる。それゆえ、私の存在の意味は世界空間内での一時的な単独の位置づけ（シンプル・ロケーション）によって理解することはできない。私の存在の意味を理解するためには「自己の時間性と空間性による意識と行動の自発的構成」と「環境世界の時空構造」の相互浸透的相即態を見やりつつ、存在と生成の統合性を捉えなければならないのである。

私の存在（生）は時間的に生成し空間的広がりを形成しつつ、他者と環境世界との関わりの中で新奇への創造的前進を繰り返す。また、私の存在（生）は私を構成する全要素の総和から理解することはできない。さらに、私の人生は非決定論的であり、先行する出来事から現在ならびに未来の出来事を予見できない。私を取り囲む世界も同様の創発特性によって構成されている。物理的自然界が決定論的メカニズムによって形成されているから、人間各自の人生も決定論的だ、というような機械論的世界観からは存在の真の意味は理解できない。世界も人間各自も複雑系なのであり、創発特性に満ちている。それゆえ、自己と世界の存在の真の意味を理解しようと思うなら、創発主義的思考を駆使して、生成する自己と世界の時空的構成の核心を捉えなければならないのである。

4　創発する存在のクオリアの自然学

筆者は二〇一二年に『創発する意識の自然学』という体系的哲学書を上梓した。また、本書では意識と存在の関係について時空論と絡ませて深く考察した。そして、本章では感覚質（クオリア）の深みに舞い降りる姿勢で存在の創発的性質について考えることを提案した。そこで当然思い浮かぶのは、「創発する意識の自然学」に対応する「創発する存在の自然学」ないし「創発する存在のクオリアの自然学」というものである。

筆者が「創発する意識の自然学」と言う場合、「自然学」は「ピュシス学」を意味する。ピュシスとは「自然（nature）」を意味するギリシア語だが、生成と自己組織性を統合したようなニュアンスをもち、「立ち現れて自己展開する自然の生成的活動」を示唆する概念として受け取られるべきものである。しかるに、この「立ち現れて自己展開する」ということは時間と空間の統合性を表している。それゆえ「創発する意識の自然学」とは厳密には「立ち現れて自己展開する意識の時空的性質をその本然に即して捉えること」を意味するのである。その際、存在＝生成という根本的存在理解が基盤となっている。ただし、「創発する意識の自然学」は存在論としてではなく意識哲学として構築されたものなので、存在概念自体はあまり深く考察されていない。それに対して、存在論に真っ向から取り組んだ本書では、時空論を中心として展開し、時折感覚の深みに触れ、最後に創発の概念と絡めて「存在のクオリア」をピュシス学的に論じることの重要性を主張した。

もともと本書は、ハイデガーの『存在と時間』を手本とし、それにメルロ＝ポンティ的な空間論を加味し、さらにサミュエル・アレクサンダー的な時空統合の哲学によって思考を統制しつつ、存在の時空的性質を自己流に解明しようとしたものである。その際、筆者はプルーストの小説『失われた時を求めて』に示されたモチーフに強く触発された。ただし、その小説全体を緻密に解釈した上で彼の意図を筆者独自の存在論に生かそうとしたわけではなく、とにかく「失われた時を求める」という姿勢に共感し、「見出された時」に自己流に至ろうとしたのである。しかるに、このライトモチーフを導いているのは、これまで何度も述べたように、特定の物質との偶然の出会いにおける極めて重要な記憶の創発である。ちなみに、この「極めて重要な」というのは自己の存在の意味に核心に触れることを意味する。また、単に「物質」と言っただけでは存在論的に浅いので、それを「物質に内在する形相」と捉え返し、さらに「それとの偶然の出会い」を「感覚の深い質に対する存在論的感受性」として理解する必要がある。それによって「失われた時を求めて」というモチーフは、存在論への思考転換を経て、「創発する存在のクオリアの自然学」へと熟成するのである。

「存在のクオリア」というと何か抽象的で捉えがたい印象をもつ人も多いと思う。しかし、それが「人生の意味」と親近的で、自己の「心」と密着したものであることを理解できるなら、その感慨は吹き飛ぶであろう。そして「心」を構成する最も重要な要素は意識と記憶である。

我々各自が存在の意味を問うとき、意識と記憶の働きが重要な役割を果たす。また「創発」の現象を精確に捉えるのは意識と記憶の絶妙な協働である。プルーストは菩提樹のお茶に浸したマドレーヌのクオリアに触発されて、失われた時に関する重要な記憶の湧出を体験したが、我々は個人的体験の自己解釈を超えて、普遍的な存在論を創発主義的に構築しなければならないのである。ただし、その際感覚質の深みに対する感受性はあくまで重視される。問題はそれをどのように意識と存在の関係、ならびに時空論と結びつけて理解するかである。

結局「創発する存在のクオリアの自然学」は心と存在と時空の統合を論じるものなのである。そして創発のプロセスを見つめ直すと、「見出された存在の意味と時空」に到達するのである。そこで最後にそれについて論じることにしよう。

5　見出された存在の意味と時空

なぜ私はこの世に生まれてきたのか。なぜ世界はこのような状態と構成となっており、別様ではないのか。なぜ宇宙はビッグバンによって誕生し、不可逆の時間的進行を経て、終焉を迎えるのか。なぜそもそもビッグバンとともに時間と空間が誕生したのか。時間と空間が存在しない状態とはいかなるものなのか。なぜ私は不可逆の時間過程を歩み、死という不可避の終末に向かわなければならないのか。なぜ私は存在の意味に関心をもち、それを時間と空間に結びつけて理解しようとするのか。なぜ私は生の謎に思い悩み、その解決を時間と空間の外に求めようとするのか。あるいは、なぜ私はあくまで時間と空間の内部で生の謎を解決しようとするのか。つまり、なぜ時間と空間の通俗的理解を超えて、根源的な時間と空間の概念に還帰しようとするのか。

なぜ私は失われた時を求め、時間と自己の真の意味を見出そうとするのか。なぜ私は時間泥棒から「私の人生と存在を真に充実したもの（有意義なもの）にする根源的時間性」を取り戻そうとするのか。また、なぜそれに並行して空間泥棒というものも想定し、空間泥棒から「私の人生と存在を真に充実したもの（有意義なもの）にする根源的空間性」を取り戻そうとするのか。なぜ私はハイデガーの『存在と時間』ならびにプルーストの『失われた時を求めて』の解釈で満足せずに、自己流に失われた存在の意味と時空の関係を問い求める『存在と時空』という哲学書を書こうとしたのか。

約一三八億年前に起こったとされるビッグバンによる宇宙の誕生、ならびに約三八億年前に起こったとされる生命（原生物）の誕生からの悠久の時の流れを経て、私は今ここに存在し生きている。また、そのうち必ず死に、消滅することも約束されている。悠久の時の流れと無限の宇宙空間の中で芥子《けし》粒以下の私は自己の存在と人生の意味を問い、時間と空間がそれにどのように関与するのか、と問う。それゆえ宇宙論と自己存在への問いは表裏一体の関係にあり、意識と宇宙は深い次元で一体となっているのである。このことを「精神と物質の科学哲学」の次元で論じたのは品川嘉也という生理学者である。彼は『意識と脳』という著書において宇宙の誕生と物質の分子的進化と生命の誕生と人間における自己意識の誕生を「情報」の物理的根源性の立場から論じた。意識と宇宙の関係についてこれほど明確な図式を示してくれた書物は他にないほどだが、それは彼が「自己と世界」「意識と世界」という哲学の基本問題をしっかり押さえていたからである。

次に引用する文章は秀逸である。

人間が生長過程で外界を認識していくときのことを考えると、自分でないものの総体としての世界を認識していく。しかし次には、認識された世界の中に、世界の構成要素として、世界の一部としての自分が存在していることに気づく。こうして世界の一部である自分が、全世界を認識していることを意識したとき、自意識が生じる。意識のあり方を自省してみると、自分の脳の中に全世界が反映されているが、その頭脳の中に映し出された世界の中には、世界の構成要素としての自分自身も存在している。さらに、世界像の中の自分も意識をもっていて、その意識の中にさらに世界が映し出されている、という循環が成立していることに気づく。意識のあり方は、本

質的に反射的で循環的である。このようにして人間は、簡単に無限大を認識するようになる。(6)

まず、最初の文は少し改めた方がよい。「人間が成長過程で外界を認識していくとき、自分でないものの総体としての世界を認識していく」の方がすっきりする。それはさておき、ここで品川は自己と意識と世界の三位一体構造を語っている。そして、それに脳の働きと成長過程という要素が加味されている。

我々は基本的に世界内存在であり、世界の中で自己を見出し、自己の意識の内容に世界の在り方が反映していることを自覚する。それゆえ、自己と世界は意識を介して相即の関係にある。意識とは自己と世界が相互に入れ子となっていることを自覚させてくれる生命的認知機能なのである。ちなみに、意識は自己の脳の内部から自動的に生まれてくるものではなく、世界の情報構造に脳神経システムの情報処理機構が反応して初めて発生するものである。そして、この反応は世界内存在する生命個体の成長の過程の中で起こる時間的現象である。また、それは世界内存在という生命活動の中で引き起こされるという点で空間的である。世界が時間と空間によって構成され、意識もそうだということは、両者が構造的相即性をもっているからである。

意識は自己と世界を媒介する蝶番《ちょうつがい》のようなものであり、内的世界と外的世界の両側に広がった時空的現象である。それが内的世界、つまり自己の内面に引き込まれると自己意識として理解される。それでは外的世界が意識をもつ、とはいかなることであろうか。それは単なる比喩ではない。外的世界には自我がないので自己意識としての意識はないが、情報構造としての意識はあるのだ。ただし、この場合、「意識がある」と言うよりは「意識の発生基盤ないし潜勢態としての情報構造がある」と言った方が適切で、誤解を招きにくい。要するに、世界の情報構造が「自己と世界の両面に広がった〈意識の原初的機能〉」によって自己の内面に移入され、それが認知の統制機能としての自我によって自己の意識内容となるのである。しかるに、自我は生物進化の果てに熟成した人間の脳の機能であり、生物進化と脳の機能自体が世界の情報構造を反映した生命的現象なので、結局自己と世界と意識が三位一体となるのである。以上のことを顧慮して「見出された存在の意味と時空」というテーマについて考えてみよう。

存在の意味が見出されるということは、忘却され隠蔽されていたことがヴェールを解かれて顕わになる、ということである。そして、それが顕わになる際に時間と空間が重要な役割を果たすのである。また、存在の真の意味が見出されるということは、失われた時を求める心が叶《かな》えられ、時間の真の意味が見出されることと並行している。要するに「忘却された存在の真の意味」と「失われた時」は表裏一体の関係にあり、後者を取り戻そうとする意識は同時に前者を希求しているのである。

存在と時間はそもそも一体のものである。ただし、完全に融合し区別がつかなくなったような形で一体なのではない。一体二重性という言葉があるが、両者の関係を表すにはそれが適切である。ビッグバンによる宇宙の誕生によって今理解されているような存在と時間も創発した。ビッグバン以前には虚存在と虚時間があった、と想定されるが、生命と結びついた実存在と実時間はビッグバンによって創発したのである。そして、創発したということは、エントロピーの増大に逆らって新奇への創造的前進の道を歩む、という方向性をもって生まれた、ということである。もちろん、物理的自然界は基本的にエントロピーが増大しつつ不可逆の時間過程を歩む。しかし、物質の分子的進化から創発した生命の世界ではエントロピーの増大に逆らう傾向が顕著である。進化も創発も自己組織化もすべて時間的現象であり、存在論的には存在の生成的性格を表すものとして理解できる。あるいは過程（process）がそのまま実在（reality）である、ことを示している。そして、こうした生成的な生命的自然界の時間の中で我々の意識は生まれ、存在の真の意味を問うのである。

ちなみに、我々の中にもエントロピーが増大する部分とそれに逆らう部分がある。エントロピーが増大する部分とは、生物として日常単に生命維持をし、成長と老化の道を通って、死に向かって不可逆に突き進む傾向を指す。

これは人類全体と全生物がもっている傾向である。しかし、全生物がこの傾向に支配されているにもかかわらず、生物が絶滅し生命そのものが消滅することはない。なぜかというと、あらゆる生物は生殖し、子孫を増やすからである。そこで、個体レベルでは死滅しても、生物種ないし生命集団のレベルでは生命の維持が実現するのである。これこそ筆者が本書において何度も強調してきた「生命の大いなる連鎖」というものである。この「生命の大いなる連鎖」において個体レベルでは不可能な不死性が実現するのであるが、それは同時にエントロピーの増大が集団レベルで阻止されたことを意味する。ただし、ここで不死性を個人の事柄として受け取ると、自然の摂理から外れた似非《えせ》哲学に堕落してしまう。我々は、失われた時を求め存在の真の意味を取り戻そうとするとき、個人の不死性という主観的観念論に陥ることなく、ぜひとも生命の大いなる連鎖を顧慮しつつ、小我を超えて大我に至らなければならない。ちなみに、ここで仏教的用語を使っているが、筆者は仏教にはほとんど関心がない。筆者の立場は徹底的に西洋哲学的な生命的自然主義なのである。

それはともあれ、とにかく我々各自は宇宙の誕生以来の悠久の時の流れの中で宇宙内存在としての自己を意識し、自己と宇宙の存在の意味を問う。ただし、宇宙の誕生と物質の分子的進化について、さらには生命と意識の創発の過程について詳しく知っている人はわずかである。それにもかかわらず、万人が自己の人生行路において失われた時を回顧し、自己や他者の死を憂い、人生と生命と存在の意味に何らかの仕方で関心をもつことはたしかである。その傾向は知識には依存しないのである。後天的に学習された知識からではなく、遺伝子に組み込まれた生命情報が万人に生命と時間の意味に関心をもつよう導くのである。

遺伝子に組み込まれた生命情報が我々の身体を形成する基盤となっていることは誰もが知っている。そして、この身体というものが我々各自によって生きられ、環境世界との相互作用において独自の空間性を形成することは既に詳しく論じた。しかるに、存在の意味にはこの空間性も深く関与するのである。そもそも空間性を欠いた純粋の時間的存在などない。また逆に時間性を欠いた純粋の空間的存在もない。この宇宙内のすべての出来事は時間と空間によって構成され、あらゆる存在者は時間的要素と空間的要素によってその存在が形成されている。

我々は「わけのわからないこと」に思い悩んでいるうちに年老いて死んでしまう。「見出された存在の意味と時空」とは、この「わけのわからないこと」がわけの分からないままに、何とかわけが分かるようになる道の果てに仄《ほの》かに見える薄明りである。もちろん各人の人生は十人十色、百人百様、七十億人七十億通りであり、基本的に個人の事柄である「人生」の意味の普遍的定義などない。しかし、直前に言ったように小我を超えて大我に至り、生命の大いなる連鎖の視座から人生と存在全般の意味を問うように意識を変革することはできる。

自分はいつか必ず死ぬ。このことを意識したとき、我々はこの世における自己の生の意味について考えるようになる。そのとき、さしあたって意識は個人ないし生命個体としての自己の内面に集中している。幽閉されている、と言ってもよい。死の問題が人の頭をよぎるとき、たいていは自己ないし個人の生死に意識が集中してしまうのである。その次に自分にとって重要な人物の生死が問題となる。ここで既に個でありながら個を超えようとする衝動は現れている。しかし、自己の延長上にある親族や仲間に対する同情という点では、この衝動はまだ制限されている。新約聖書に「敵を愛せ。迫害する者に対して祈れ」という言葉があるが、真の隣人愛は「自己の延長上にある仲間」を超えて、見ず知らずの人や敵対者にも向けられるべきものである。ここで意識は拡張し、コスモポリタニズムの相を帯びるようになる。ただし、愛情や共感が人類に限定されている点ではまだ不十分である。人間以外の動物、いや植物を含む生物全体に愛情と共感が及ぶように意識が拡張されなければならない。この個人(自己の内面)→親密な仲間→疎遠な人や敵対者→動物→生物全体という共鳴意識の拡張の到達点は「自然」である。それも自己組織性をもつ生命的な能産的自然である。

もともと意識は生物進化の果てに生まれた生命的認知機能であり、それには能産的自然の自己組織性が反映している。それゆえ、意識が生命のことを考え始めと、必然的に右に挙げた拡張経路を通って、「自己がそれによって生かされて生きている能産的自然」に到達するのである。そして、この能産的自然は地球上で生命の大いなる連鎖を形成している。個人の一生は八〇年ほどだが、全体としての人類は世代交代によって何百万年も存続して行く。生物全体で見ると、寿命の長短にかかわらず、地球上では三八億年も生命の連鎖が継続している。こうした悠久の生命の時間ないし歴史の中に微小な個人の一生があり、各人は自己の生死を案じ、意識の志向性はさしあたって「かけがえのない自己」ないし「唯一無二のこの〈私〉」の存在に向かっている。その自覚クオリアは強烈で、他者や動植物や自然そのものの存在は視野の外に置かれてしまう。「我思うゆえに、我在り」というわけである。しかし、その思念は自然から疎外された悪しき精神主義の産物にすぎない。我々は、自己と宇宙の真の存在の意味を知りたいなら、この悪しき精神主義から脱して、意識を能産的自然と生命の大いなる連鎖へと向け換え、それに向かって拡張させなければならない。そして、そのとき重要な役割を果たすのが根源的時間性と根源的空間性の融合から成る「時空」なのである。それが時間泥棒と空間泥棒から真の時間と空間の意味を取り戻してくれるものであることは既に述べた。

我々は日常生活のあわただしさの中で環境内の対象との交渉に没頭し、自己の時間を奪われている。また、他者との交渉における空間取りとその中での処世術に気を配りすぎて、能産的自然に根差した真の生命的空間性を忘却している。そうした中でも「死」というものに直面すると、否応なしに時間泥棒と空間泥棒に抵抗したくなるのだが、普段からの存在論的な思考訓練ができていないので、間に合わせの解決案しか出すことができない。結果として、わけの分からないことで思い悩んでいるうちに年老いて死んでいくのである。

ここで生の謎の解決を時空の外に求めても無駄なことは何度も述べた。そうしたものに対峙して時空の外に出たくなるのは分からないではないが、しょせん垂直的永遠性ないし永遠の現在を志向するにとどまり、生命の大いなる連鎖に根差した存在の真の意味に到達することはできない。存在の真の意味は、生命の大いなる連鎖における新奇への創造的前進がもつ時間性とそれをサポートする空間性の統合の地平において初めて理解可能となるのである。

注

（1）拙著『心・生命・自然——哲学的人間学の刷新——』萌書房、二〇〇九年の第5章を参照。

（2）品川嘉也『意識と脳——精神と物質の科学哲学——』紀伊國屋書店、一九九〇年を参照。

（3）『リルケ詩集』富士川英郎訳、新潮文庫、一九九二年、五五ページ

（4）プラトンの『国家』『パイドーン』『メノン』などを参照されたい。

（5）この概念はホワイトヘッドから借りたものである。Cf. A. N. Whitehead, *Science and the Modern World*, The Free Press, New York, 1997（上田泰治・村上至孝訳『科学と近代世界』松籟社、一九八六年）

（6）品川嘉也、前掲書、一五ページ

あとがき

今、私の眼の前に二冊の本がある。別冊日経サイエンスの『時空の起源に迫る宇宙論』と『エイジング研究の最前線』である。ビッグバン理論に代表される現代宇宙論における時間と空間の起源の探求と現代医学における加齢（老化）現象と健康長寿の延伸の並行的研究は裏表の関係にある。一方はマクロ世界の極限たる大宇宙の誕生と死、つまりその生命に関わる問題であり、もう一方はミクロ世界たる人間各人の生命に関わる問題である。宇宙に関してはまだ明確にその始まりと終わり、つまり誕生と死を規定するところまできていないが、人間各人の誕生と死はあまりに明確である。もしかしたら宇宙には生物個体の生命のように明確な始まりと終わりがないかもしれないのだが、生物としての宇宙物理学者の意識に自己の生死の観念が深く刷り込まれているために、それを大宇宙に投影して、その誕生と死を想定するようになるのかもしれない。少なくとも大宇宙に始まりと終わりがあるにしても、それは生物、特に意識的生命体としての人間個体の誕生と死とは様相が違ったものとなるであろう。いずれにしても「無限の大宇宙」と「自己の生命」の始まりと終わりが、メビウスの帯のように表裏一体となって我々各人の存在に関する意識の両極を形成しているのである。

これは本文中に引用したパスカルの有名な文章に端的に表れている。そこでは無限大の悠久の大宇宙と芥子粒以下の束の間のこの「私」の対峙における存在意識の炸裂が象徴的に語られている。存在への問いは、存在概念の論理的分析という形で立てられると同時に存在経験の解釈という形でも立てられる。後者の場合「存在」という概念自体がひたすら問われるのではなく、それにまつわる諸々の経験が着目され、それらがフィードバックする集約点に「存在」という概念が措定されるのである。時間と空間はそうした「経験の契機（occasion of experience）」の代表である。また、世界、意識、生命、記憶、身体性といったものも重要な経験の契機である。「存在」はそうした諸々の経験の契機からのフィードバックを受けつつ次第にその本性を顕わにしていくのである。そして、この顕わになる過程は「忘却されていた存在の真の意味の想起」ないし「失われた時を求めて見出される時間の真の意味」として体験される。その際、「存在」というものが深い次元で「生命」と表裏一体の概念であることが仄《ほの》かに見えてくるはずである。この表裏一体関係を「存在と意識」という観点を梃子《てこ》にして掘り下げ、「存在と時空」という問題の解明に全論考を収斂させたのが本書なのである。

　論述の構成は、筆者がかねてより企ててきた体系性を重視し、学説史はわずかしか顧慮していない。影響を受けた哲学者、科学者、文人は多数おり、それは論述にも反映しているが、それは脇役にすぎない。哲学はやはり「自分の頭で考える」ことが「いのち」である。もちろん、本書には手本がある。それがハイデガーの『存在と時間』なのは、識者にとっては自明であり、見抜くのにかかる時間は五秒ぐらいであろう。しかし、本書を読み終えたら、それが本家の『存在と時間』とは大分違った、筆者特有のワールドであることが分かるであろう。何よりもタイトルが『存在と時間』ではなく『存在と時空』だし。この一文字の違いは、内容においては数十倍に増幅されている。

　そもそも「存在と時間」ないし「存在と時空」という問題設定は哲学の素人でも興味をもつ普遍性をもっている。ある学生はハイデガーの『存在と時間』を、そのタイトルに惹かれて読み始めたら、最初の数ページで放り出してしまった。「自分の求めていたことがそこには書かれていなくて、ただ難しい言葉の羅列だけがあった」というのが彼の率直な感想である。「だったら童話版の『モモ』でも読めばいいじゃないか」と言いたくなるが、それではあまりに物足りないのもまた事実である。そこで筆者は、本家よりも分かりやすい新『存在と時間』を書こうと思い立ったのである。ただし、存在のパートナーが時間だけでは物足りない。絶対、空間を加えて『存在と時空』にしないと気が済まない。そう思ったので、そうした。

そもそも『存在と時間』というタイトルは非常に魅力的だが、何か物足りない。空間を加えて『存在と時空』にするとストライクになる。これこそ万人が求めていた究極の問いである。それは哲学の素人でも直観的に分かる。彼の心臓と脳を直接揺さぶるのである。しかし、彼の感情を捉えただけでは学問性がなさすぎる。そこで、本書は定番の体系的叙述という体裁を取っているのである。

筆者が最初に新『存在と時間』を書くという発想を起こしたのは、大学院に在籍していた頃である。そのことをあるとき宴席で話したら、周りの人が目を点にして驚いていた。「とんでもない発想だ。よくそんなこと思いつくな」と感じたのであろう。日本における哲学研究の主流は大哲学者を一人選んでその思想を一生解釈・研究することなので、その大哲学者の向こうを張って自前の体系的哲学書を書こうなどと志すことすらないのである。しかし、筆者は違った。大学院時代とその後の数年はハイデガーを中心に研究していたが、早い時期からサミュエル・アレクサンダーの『時間・空間・神性』とホワイトヘッドの『過程と実在』のことが気になっており、それらと『存在と時間』を折衷・融合して体系的哲学書を書こうと構想していたのである。少なくともそういう思想の融合は考えていた。しかし、それは長い間実現することはなかった。数年前に他の仕事が片付いたので、そろそろ『存在と時空』というテーマで体系的叙述をして本にしよう、と本気で思うようになった。そして、御覧の通りそれは実現した。

ちなみに、一九九九年頃ハイデガーの時間論とメルロ＝ポンティの空間論を融合して新たな存在論を構築する構想を立てていたのを覚えている。ただし、その構想は一時途絶え、忘却の彼方に消え去っていた。それが数年前に再び蘇《よみがえ》ったのである。その際、その頃展開していた意識や生命や自我や自然に関する思索、さらには創発の概念やシステム論の観点が顧慮された。そして、何よりもプルーストの『失われた時を求めて』のライトモチーフが心を捉えて離さなかった。こうした諸契機が合流して本書の執筆が二〇一四年の二月に始まったのである。出版事情もあって、筆者にしては原稿の完成まで時間がかかった。

実は筆者はこの本にはそれほど深い思い入れがない。軽い気持ちで新『存在と時間』を書こうとしたのが数年前の偽らざる気持ちであり、それが今回かなり本気になった、という程度なのである。しかし、本気になり全力を出すと一般の人には非常にとっつきにくい本になってしまう。読者の方々はその辺の事情を斟酌していただきたい。

それはともあれ、やはりこの本は筆者の思想の中で重要な位置を占めており、『情報の形而上学』（二〇〇九年）と『創発する意識の自然学』（二〇一二年）に並ぶ三部作の一角と言える。今後この三部作を統合して一つの巨大な体系にすることも視野のうちにある。ただ、今はこれで一旦満足したい。

筆者の人生の時間は大分消費された。しかし、存在の意味は少しも減っていない。むしろ増えて、質が高くなっている。それは生命の大いなる連鎖への帰属意識が深くなってきているからである。それゆえ、病み上がりの夜空も雨上がりの虹のように美しく見える。そして、虹の向こうに永遠が見える。存在の真の意味を告げる永遠が。

二〇一六年六月一三日　雨上がりの陽光まばゆい午後に

河村次郎

■著者略歴

河村次郎（かわむら　じろう）

1958年　青森県むつ市に生まれる
1984年　東洋大学文学部哲学科卒業
1991年　東洋大学大学院文学研究科博士課程単位取得退学
現　在　東洋大学非常勤講師

著　書

『時間・空間・身体——ハイデガーから現存在分析へ——』（醍醐書房，1999年）
『脳と精神の哲学——心身問題のアクチュアリティー——』（萌書房，2001年）
『意識の神経哲学』（萌書房，2004年）
『自我と生命——創発する意識の自然学への道——』（萌書房，2007年）
『心の哲学へ誘い』（萌書房，2007年）
『情報の形而上学——新たな存在の階層の発見——』（萌書房，2009年）
『心・生命・自然——哲学的人間学の刷新——』（萌書房，2009年）
『創発する意識の自然学』（萌書房，2012年）他。

訳　書

メダルト・ボス『不安の精神療法』（解説つき：醍醐書房，2000年）

存在と時空

2016年10月9日　初版第1刷発行

著　者　河村次郎
発行者　白石徳浩
発行所　有限会社 萌《きざす》書房
〒630-1242　奈良市大柳生町3619-1
TEL（0742）93-2234 / FAX 93-2235
［URL］http://www3.kcn.ne.jp/~kizasu-s
振替　00940-7-53629

印刷・製本　共同印刷工業・藤沢製本

ISBN978-4-86065-107-7

河村次郎著

創発する意識の自然学

A5判・上製・カバー装・318ページ・定価：本体3500円＋税

■現代脳科学の成果も踏まえ，ジェームズの意識哲学をホワイトヘッドの自然哲学によって深めつつ，両者を創発の存在論によって融合。心の哲学と心脳問題の新たな方向性を示す。

ISBN 978-4-86065-070-4　2012年10月刊

河村次郎著

心・生命・自然——哲学的人間学の刷新——

四六判・上製・カバー装・210ページ・定価：本体2300円＋税

■近代的自我のせせこましい主観性を超えて，魂の故郷としての自然への環帰を促す新たな哲学的人間学の試み。それは哲学・科学・文学を横断する鮮烈な考察に満ちている。

ISBN 978-4-86065-051-3　2009年10月刊

河村次郎著

情報の形而上学——新たな存在の階層の発見——

A5判・上製・カバー装・240ページ・定価：本体2700円＋税

■世界は自己組織化する情報システムであり，物質・生命・心・社会という存在の階層を産出する。本書はこの過程を創発主義的存在論の観点から論じた力作である。

ISBN 978-4-86065-046-9　2009年4月刊

河村次郎著

心の哲学への誘い

四六判・上製・カバー装・184ページ・定価：本体1900円＋税

■旧来のモノ対ココロという二元論的志向ではなく，モノと「コト」の関係を基点に据えつつ，心の座を脳に限定せず，その外延を身体や環境にまで拡大してシステム論的に捉える。

ISBN 978-4-86065-030-8　2007年10月刊